黃郛日記

（1931-1932）

The Diaries of Huang Fu, 1931-1932

民國日記 ｜ 總序

呂芳上
民國歷史文化學社社長

　　人是歷史的主體，人性是歷史的內涵。「人事有代謝，往來成古今」（孟浩然），瞭解活生生的「人」，才較能掌握歷史的真相；愈是貼近「人性」的思考，才愈能體會歷史的本質。近代歷史的特色之一是資料閎富而駁雜，由當事人主導、製作而形成的資料，以自傳、回憶錄、口述訪問函札及日記最為重要，其中日記的完成最即時，描述較能顯現內在的幽微，最受史家重視。

　　日記本是個人記述每天所見聞、所感思、所作為有選擇的紀錄，雖不必能反映史事整體或各個部分的所有細節，但可以掌握史實發展的一定脈絡。尤其個人日記一方面透露個人單獨親歷之事，補足歷史原貌的闕漏；一方面個人隨時勢變化呈現出不同的心路歷程，對同一史事發為不同的看法和感受，往往會豐富了歷史內容。

　　中國從宋代以後，開始有更多的讀書人有寫日記的習慣，到近代更是蔚然成風，於是利用日記史料作歷

史研究成了近代史學的一大特色。本來不同的史料，各有不同的性質，日記記述形式不一，有的像流水帳，有的生動引人。日記的共同主要特質是自我（self）與私密（privacy），史家是史事的「局外人」，不只注意史實的追尋，更有興趣瞭解歷史如何被體驗和講述，這時對「局內人」所思、所行的掌握和體會，日記便成了十分關鍵的材料。傾聽歷史的聲音，重要的是能聽到「原音」，而非「變音」，日記應屬原音，故價值高。1970年代，在後現代理論影響下，檢驗史料的潛在偏見，成為時尚。論者以為即使親筆日記、函札，亦不必全屬真實。實者，日記記錄可能有偏差，一來自時代政治與社會的制約和氛圍，有清一代文網太密，使讀書人有口難言，或心中自我約束太過。顏李學派李塨死前日記每月後書寫「小心翼翼，俱以終始」八字，心所謂為危，這樣的日記記錄，難暢所欲言，可以想見。二來自人性的弱點，除了「記主」可能自我「美化拔高」之外，主觀、偏私、急功好利、現實等，有意無心的記述或失實、或迴避，例如「胡適日記」於關鍵時刻，不無避實就虛，語焉不詳之處；「閻錫山日記」滿口禮義道德，使用價值略幾近於零，難免令人失望。三來自旁人過度用心的整理、剪裁、甚至「消音」，如「陳誠日記」、「胡宗南日記」，均不免有斧鑿痕跡，不論立意多麼良善，都會是史學研究上難以彌補的損失。史料之於歷史研究，一如「盡信書不如無書」的話語，對證、勘比是個基本功。或謂使用材料多方查證，有如老吏斷獄、法官斷案，取證求其多，追根究柢求其細，庶幾還原

案貌,以證據下法理註腳,盡力讓歷史真相水落可石出。是故不同史料對同一史事,記述會有異同,同者互證,異者互勘,於是能逼近史實。而勘比、互證之中,以日記比證日記,或以他人日記,證人物所思所行,亦不失為一良法。

從日記的內容、特質看,研究日記的學者鄒振環,曾將日記概分為記事備忘、工作、學術考據、宗教人生、游歷探險、使行、志感抒情、文藝、戰難、科學、家庭婦女、學生、囚亡、外人在華日記等十四種。事實上,多半的日記是複合型的,柳貽徵說:「國史有日歷,私家有日記,一也。日歷詳一國之事,舉其大而略其細;日記則洪纖必包,無定格,而一身、一家、一地、一國之真史具焉,讀之視日歷有味,且有補於史學。」近代人物如胡適、吳宓、顧頡剛的大部頭日記,大約可被歸為「學人日記」,余英時翻讀《顧頡剛日記》後說,藉日記以窺測顧的內心世界,發現其事業心竟在求知慾上,1930 年代後,顧更接近的是流轉於學、政、商三界的「社會活動家」,在謹厚恂恂君子後邊,還擁有激盪以至浪漫的情感世界。於是活生生多面向的人,因此呈現出來,日記的作用可見。

晚清民國,相對於昔時,是日記留存、出版較多的時期,這可能與識字率提升、媒體、出版事業發達相關。過去日記的面世,撰著人多半是時代舞台上的要角,他們的言行、舉動,動見觀瞻,當然不容小覷。但,相對的芸芸眾生,識字或不識字的「小人物」們,在正史中往往是無名英雄,甚至於是「失蹤者」,他們

如何參與近代國家的構建，如何共同締造新社會，不應
該被埋沒、被忽略。近代中國中西交會、內外戰事頻
仍，傳統走向現代，社會矛盾叢生，如何豐富歷史內
涵，需要傾聽社會各階層的「原聲」來補足，更寬闊的
歷史視野，需要眾人的紀錄來拓展。開放檔案，公布公
家、私人資料，這是近代史學界的迫切期待，也是「民
國歷史文化學社」大力倡議出版日記叢書的緣由。

來自八十餘年前的時空膠囊：
《黃郛日記》簡介及導讀

任育德
國立中正紀念堂管理處研究典藏組副研究員

> 經國有才皆百鍊，著書無字不千秋。
> ——徐世昌書贈黃郛（1934.11.5《黃郛日記》）

一、黃郛生平

　　黃郛原名紹麟，字膺白，號昭甫，浙江省上虞縣人，1880 年 3 月 8 日生，1936 年 12 月 6 日逝。黃郛生父黃文治早逝，就讀義學而後補上學校生。晚清中國步入科舉取士之路將終結、新式教育值初建之 1904年，黃郛入讀浙江武備學堂，隨獲清廷官費赴日本留學，入讀東京振武學校，1905 年在東京加入中國同盟會。1908 至 1910 年間就讀陸軍測量局地形科並學成返國。1911 至 1915 年間，參與辛亥革命、倒袁軍事行動，因此具備軍事領導經歷，為外人稱「黃將軍」。[1] 黃郛在「二次革命」倒袁失敗後，曾輾轉流亡日本、南洋、美國，這種閱歷並非時人常見者。在黃

1　The China Weekly Review ed., *Who's Who in China* (Shanghai: The China Weekly Review, 1925, 3rd edition), p. 379.

郛一生的青壯年時期具有較為濃烈的軍事色彩。

　　1921年起，黃郛逐步從軍人轉變為重文治的政治人物。他在美國考察期間擔任北京政府參加華盛頓會議代表團顧問，再赴歐考察戰後政情。回國後，陸續出任張紹曾內閣署理外交總長，高凌霨攝政內閣、高凌霨臨時內閣、顏惠慶內閣任內之教育總長。1924年10至11月間，黃郛代理內閣總理，也就在這段期間內馮玉祥領軍包圍北京紫禁城，鹿鍾麟持《修正清室優待條件》宣言文件，取消前定清室優待條件並命令溥儀限期離開紫禁城，溥儀迫於形勢同意離開。黃郛內閣籌劃以北京紫禁城興辦博物院、圖書館，黃郛內閣雖然為時甚短，但故宮博物院終在紫禁城開放，此一將皇權象徵轉變為國家文化傳承象徵的過程，黃郛是歷史參與及見證者之一。

　　1927年間，黃郛重返政界，斡旋蔣介石、馮玉祥徐州相見。7月出任上海特別市市長，處理華洋勢力交匯前鋒重地之一政務。1928年2月出任國民政府外交部長，任內處理南京國民政府與國際強權有所衝突之「南京事件」、「濟南事件」，因此遭致民間輿論之怨言，再度離開政壇，來往上海、莫干山之間，以讀書寫作、蒔花等活動沈潛消遣。黃郛早年即有寫日記習慣，現今只有少部分內容轉抄存世，其餘已告亡佚。1929年後，黃郛山居，擷取夫婦名中各一字，將莫干山居所命名為「白雲山館」，自許山館主人，已與先前心境、環境有異，得以記下保存至今《黃郛日記》之內容。

　　1933 年 5 月，黃郛復出政界，出任行政院駐北平政務整理委員會委員長，與日本政府、關東軍秘密交涉談判塘沽協定。5 月 31 日，最終協定達成。在中國高漲的民族反日情緒之下，黃郛成為輿論及不同政治勢力派系間之指責對象。1935 年春，黃郛請長假離京南下休養，就此引退。1936 年 12 月 6 日即以肝癌在上海逝世。6 天以後的 12 月 12 日，西安事變發生。7 個月後的 1937 年 7 月 7 日深夜盧溝橋事件爆發，也開啟了中日全面戰爭。

二、史料重現與涉及人物

　　黃郛生前與妻沈亦雲彼此許諾，將為早逝對方撰寫傳記以述生平。沈為當時中國接受新式教育女性之一。她在黃郛過世後，一面寄情教育事業，也盡可能保存相關資料，但在抗戰後撤、前往香港之際也不得不銷毀相當資料，僅餘少數帶走。[2] 黃郛逝世後不久，沈亦雲徵集故舊紀念文印就《黃膺白先生故舊感憶錄》。1945 年完成《黃膺白先生家傳》，蒐羅相關親友回憶，可說是黃郛個人資料整理之始。1950 年 2 月，沈亦雲從上海取道陸路南下香港，後長居美國，接受美國哥倫比亞大學口述史訪問（1962），並將保留資料（電報、書信、講稿、文稿）捐贈該校珍稀圖書與手稿圖書館保存，成為「黃郛文件」（Huang

---

2　沈亦雲，〈自序一〉，《亦雲回憶》（台北：傳記文學出版社，1968），冊上，頁 1。

Fu Papers, 1913-1936）。日記部分內容曾經摘錄披露於
《亦雲回憶》，也成為相關研究中日外交著作參用內
容。史丹福大學胡佛研究所也有「黃郛文件」（Huang
Fu Papers, 1920-1936），台北國史館庋藏「蔣中正總統
文物」留有黃郛、蔣介石於 1920 年代後期至 1930 年代
前期相關往還電稿抄件，這都構成黃郛與相關人物研
究、1930 年代中日外交基礎史料。在此基礎上，已有
研究成果專著如謝國興《黃郛與華北危局》（1984）、
Parks M. Coble, *Facing Japan: Chinese Politics and Japanese Imperialism,*
1931-1937（1991，馬俊亞中譯，2004）、劉維開《國難期
間應變圖存問題之研究》（1995）、臧運祜《七七事變
前的日本對華政策》（2000）、內田尚孝《華北事変の
研究－塘沽停戰協定と華北危機下の日中関係 1932-1935
年》（2006）、 李君山《全面抗戰前的中日關係（1931-
1936）》（2010）、黃自進《蔣介石與日本 —— 一部近
代中日關係史的縮影》（2012）等。但其中有關《黃郛
日記》內容多屬轉引。《黃郛日記》手稿複本近年入藏
台北中央研究院近代史研究所圖書館後，有天津南開大
學賀江楓就 1935 年部分予以利用至研究論文中，更大篇
幅利用者尚不多見。

　　在黃郛逝世八十三年後，民國歷史文化學社策劃
「民國日記」系列，納編《黃郛日記》，將現存十六
本內容首度全文出版，正可為擴充民國史基礎史料來
源增添重要一筆，也一併提供人物內心世界和電文之
間產生關係、不同人物觀點角度對照，進而瞭解民國
歷史潮流動力及暗流。

從前述黃郛生平可知，《黃郛日記》書寫時段和生命中閒居莫干山、上海，重返政壇處理中日外交談判及國交往來相疊合，表現日記主人讀書讀報所思所想，情緒反應。這包括有關時局及世局發展之認知、理解、因應，以及日記主人之人際交往、聯繫網絡。

《黃郛日記》密集出現蔣氏身旁其他重要人物如楊永泰（暢卿）、錢昌照（乙藜）；南北金融界人物如徐新六、張公權、吳鼎昌、錢新之、徐青甫等人，這些人有大部分在時人目之為「政學系」人士。留日學生從事政務、軍事活動者，如袁良、何應欽、殷同、唐有壬、王克敏、梁鴻志亦出現在日記。至於姻親家人們如葛敬恩、沈怡、朱炎、陶孟和、沈亦雲（日記中或名景英、雲英）等人也在日記中不時出現。日記內也有南北媒體界人士如陳冷、張季鸞、史量才之身影。其他與黃郛曾有往來之軍政要人包括馮玉祥、閻錫山、汪兆銘、李煜瀛、張靜江、吳敬恒等人，或寫信表意、或遣代表面談。日本在華外交人員、軍政人員也會拜訪黃郛，交換有關日本、中國政局及國交發展等訊息意見。

因此，白雲山館主人黃郛雖然歸隱山林、密集研讀佛理請益高僧，事實上白雲山館也如同架空小說《瑯琊榜》的瑯琊閣一般是訊息蒐集與交流地之一。而在現存篇幅近三十萬字的日記中，讀者既見到了黃郛從早到晚大致規律行事的運動、記事備忘、讀書感懷、收信回信、交際往來，也見到政治人物理解局勢、人事及各派系勢力之間的活動。

三、內容舉隅

　　1920 年代中期至 1930 年代間，蔣介石從黃埔軍
校校長逐步轉變為全國政治軍事重要領導人物之一，
為應付國內外政情發展，需要有各種不同出身、專業
背景者提供意見及諮詢。此時，黃郛與蔣介石間具備
同鄉、同學之「二同」，以及擬血緣之「誼盟」關係，
就以在野身分成為蔣介石請益諮詢對象之一，蔣介石、
張群、黃郛之間的密切聯繫互動，都在《黃郛日記》
中清晰呈現。黃郛兼具日本、美國、歐洲一手閱歷，
在蔣氏親近人士僅偏重日本或美國一方閱歷中更顯得
特殊。其次，黃郛雖與張群、蔣介石有盟誓，一生除
參與同盟會、留日武學生組織之「丈夫團」外，並未
加入中國國民黨。[3] 黃郛也曾向蔣介石表明「在此環境
亞，余祇能對介個人幫助，雅不願再掛任何名義也」。
（1929.6.16《黃郛日記》）因此他並未就任導淮委員
會副委員長。他是以無黨籍[4] 客卿智囊姿態向蔣介石提
出建言，也前人所不敢言。

　　在中國尚待形成一有明確主權意識的現代國家之
際，黃郛建議要立憲並行憲。國民黨施行訓政，面臨
瀋陽事件爆發，廣東自樹另一國民黨黨統及政統之際，
黃郛主張蔣介石不可輕易辭職，應取消訓政早日實行
憲政。國民黨應「稍舉憲政時期之權利畀諸國民耳」，

3　約在 1927年春，蔣介石、張靜江曾自行署名要擔任黃郛入國民黨
　　介紹人，但遭黃郛婉拒。沈亦雲《亦雲回憶》，冊上，頁 292。
4　因此，如日本外務省情報部編纂，《支那人名鑑》（東京都：東
　　亞同文會調查部發行，1328），頁 604所載「國民黨浙江系」即
　　有誤。

藉以一面貫徹國民黨主張軍政訓政憲政，又可掃除國民嫌隙恩怨、黨內糾紛，提升國民支持政府之心。在政治上應開放組黨自由，讓政黨發揮新陳代謝、網羅人才正常功能。蔣介石宣示行憲可凝聚國民共識，有助解決內政、外交問題。（1931 年 12 月 4 日《黃郛日記》）到了 1935 年 9 月 4 日，陳布雷再奉蔣介石命交換憲法意見，黃郛重申前議，重申與講清他的構想：

> （一）議會本身採取兩院制，上院以與國家有休戚關係而不帶地方色彩者充之，下院則選自各省市與地方有密切關係者充之；（二）中央政府採取責任內閣制，僅總理由總統提出，國會通過任命之，餘均由總理完全負責（但以中國之大，人事之繁，欲內閣不常常搖動而政務又得推行無阻，似地方非採取均權制不可，如下條）；（三）地方政府採取「多級總攬制」，即中央以下有方面（分全國重要各區，設置四、五個巡督大員，領二省或三省），方面以下有省，省以下設府，府以下設縣，而每級均總攬其轄區內之民、財、教、建全責，此為予對憲法之大意也，談約一小時半別去。

國家應有根本大法、國事應由國民公意決定之，這兩點是黃郛一再針對內政的基本主張，在日記記載中均可明確見到。這應當是超出注重政黨利益、一黨獨尊地位下的見解，也是他與當時國民黨政最大的分歧。

　　黃郛對於中日外交路線自有觀點，或可以當時日本對之公眾觀感進行觀察。日本某一份報導曾稱，黃郛雖是所謂中國政商界「親日派」人士之一，這是指具有日本留學經歷，回國尋求事業成就的一群人。他們瞭解日本在東亞政治地位的重要性，願意雙方合作提攜，當中日發生衝突糾紛時，他們因為比較瞭解問題情形而有解決意願。可是他們和歐美派意見有異，利益衝突，為保全政治地位，具有多重政治人格，也並不見得會為確立東亞和平的大目標而貿然賭上個人政治生命，日本不能因為「親日派」名號有所誤解。[5]另有日本報導專稿描述，知日派外交元老當推黃郛，以日文「大御所」描述。[6] 這都顯示，日本欲進行擴張及侵略中國之時，軍政外交各對黃郛角色多有關注、重視及意圖爭取，也注意到中國民間反日民族情緒、政治派系問題可能造成的牽制、羈絆。

　　黃郛對蘇俄共產思想進入中國不以為然，稱 1920 年代引發國共之爭係「伏毒盡發，乃亟亟然欲為事後之補苴」。（1928.8.3《黃郛日記》）1931 年間親見上海滬變十九路軍抵抗，參與中日停火調停，表示中國長期抵抗之必要：「抵抗分物質抵抗與心理抵抗兩層。物質抵抗，中國事事落後，萬不能長期以原始人

5　〈支那の欧米派と日本派〉，《満州日報》，1935 年 8 月 14-18 日，見「神戸大学経済経営研究所新聞記事文庫」中国 (15-060)，最後瀏覽時間：2019.9.14。

6　〈日支交涉の暗礁を抉る（上・中・下）〉，《東京日日新聞》，1936 年 12 月 7-11 日，「神戸大学経済経営研究所新聞記事文庫」外交(145-015)，最後瀏覽時間：2019.9.14。

類血肉的肢體，與新時代種種殺人利器相搏激，故惟
有心理抵抗始能持久而取最後之勝利。」（1931.3.5
《黃郛日記》）在黃郛心目中，中國若抵抗同樣來自
亞洲的侵略歷程需要準備時間，內部地方實力派軍人
和中央利益不一，各派系政治鬥爭而不能合作，讓中
國更顯弱勢；歐戰各國運用毀滅性武器，讓人體認戰
爭之可怕之餘，追求和平、避戰；歐美各國不欲涉入
外國事務，使日本軍人有隙可乘以進行擴張的心理，
都是黃郛體認到的國內外環境。

　　國民政府在中國東北遭日本侵佔後，縱使無法改
變日本控制並建立傀儡政權「滿洲國」事實，卻透過
訴諸國際、不妥協態度，使「不承認原則」獲得合法
性，也開啟日後與日本之敵國結盟可能。[7] 在中國與日
本關係加劇緊張時，黃郛接受蔣介石請求處理對日關
係。國民政府期望將對西方帝國主義採用的經濟抵制、
執著、合法度等手段運用在對日政策，卻面臨日本帝
國主義向中國擴張而無休止的要求，使國民政府主政
者面臨中國民間不斷增長的憤怒情緒，遭受其他派系
以此為名進行之權力挑戰。當主政者要壓制來自各方
挑戰時，對手則為自己的目的力圖釋放和引導各方力
量。黃郛即使具備各方人脈與聯繫網絡，受到蔣介石、
汪兆銘共同勸說「出山」，「跳入火坑北平」，面對
紛雜的多方意見，也苦不堪言。

7　柯偉林（William C. Kirby），〈中國的國際化：民國時代的對外關
　　係〉，《二十一世紀雙月刊》，期 44（1997 年 12 月），頁 36。

　　黃郛就任華北政務委員會委員長後，就面臨來自地
方軍人的要求，「光怪陸離真是不可窮詰」（1933.6.23
《黃郛日記》），部屬之間彼此攻訐而「諄諄誥誡」
而感「嗚呼！辦事之難也」。（1933.7.12《黃郛
日記》）日人層出不窮、尋釁要求導致情緒煩悶時
黃在日記宣洩「滿地雜屎均要我掃，真是苦痛，然
亦不能不自責我同胞之爭意氣而不識大體也。」
（1933.6.26《黃郛日記》）他警覺日人在華北「露骨
干政，真是可慮」（1933.7.21《黃郛日記》），行事
不免操切。徐永昌曾在個人日記提出觀察：「黃似不
能久，且亦無聊，因以其用內戚沈某接長平綏，用袁
良接長平市，一則自私，一則操切自私，而操切如何
能久。」（1933.7《徐永昌日記》）黃面對需要談判
問題，密切與相關人員、南京電報聯繫，以釐清談判
與可行方向，日記側面反應行程繁忙而無暇再記讀書
之事。他與宋子文一場談話反應雙方不同意見，宋認
為二至四年間太平洋並爆發大戰，戰爭結果日本必敗。
黃郛認為戰爭武器兇殘，各方不敢輕易言戰，無法預
料何時發生戰爭，即使真有戰爭，日本也告失敗，但
戰爭「起時我國境象如何？結時我國安危如何？均不
暇顧，未免太為感情衝動之論。」（1933.9.1《黃郛日
記》）他抗拒來自日本要求其「在華北謀自立自足」
並「擔保日、俄、美等開戰，中國須與日同情，而日
助黃在華北安定」（1933.12.6《徐永昌日記》）之
魔鬼誘惑，服從南京由蔣介石主控決策及大方向。他
駁斥天津駐屯軍參謀長酒井隆放言高論，「無非欲逼

中國隨日本走，予與之力辯厲害，彼乃稍稍沈默。」
（1934.12.24《黃郛日記》）黃郛內心情緒激昂、低落、
恨鐵不成鋼多重情緒在《黃郛日記》表露交織。

　　黃郛投注華北與中日外交事務，身心耗損頗大，
徐永昌的觀察可為註腳：「二十一年在滬上晤膺白時，
其氣宇何等閑靜，去歲以來，時見其憂弱之態，作努
力談話，人之宜修亦宜養如此」。（1934.9.25《徐
永昌日記》）而1930年代政治勢力暗流之一的地方
實力派領袖們袖手旁觀，讓他難在華北做得下去。華
北政務整理委員會結束後，徐永昌自記與閻錫山談話
透露線索：「去歲以來，余每與閻先生談華北對日外
交問題，以為如無意出任艱鉅時，最好竭力協助黃膺
白，使其能做下去，如中央不能予黃便利時，亦應仗
義執言，不然者禍患且及於晉綏，渠總唯唯否否，今
日又及此，結果亦然，惜哉。」（1935.6.13《徐永昌
日記》）黃郛為維護古都北平、華北主權、中日和平
做出最大努力，身為蔣介石對日政策擋箭牌以抵擋來
自各方不滿情緒，內心煎熬，去職前後也萌生是否徒
勞之感。特別是在得悉汪兆銘在中日交涉中全盤接受
日方撤去軍隊、黨部條件，「覺悟汪先生上了廣田大
當」，「嗚呼！兩年來苦心維護之舊都，今後是何景
象，予不忍再書矣！」（1935.6.9《黃郛日記》）黃郛
稍後研判預料「今後之河北必將成為有實無名之非戰
區」。（1935.6.11《黃郛日記》）河北最後也成為點
燃中日全面戰火之火藥庫。

四、結語

黃郛處在 1930 年代東亞內外局勢衝突及多重夾縫中，不得中國民意理解之際，如何自解？《黃郛日記》恰巧留下些許線索，也以此做結。他曾回覆留美青年龍冠海「勸勿親日」隨函附〈人格培養同盟簡章〉、《紐約時報》報導一則：

> 冠海先生大鑒，遠承惠教，感佩同深。彼此均為中國人，吾儕血管中皆為中國血所灌輸，親日固談不到。依弟愚見，中華民國國民除親華外無可親者，更進一步言之，今日世界現狀如此，中國之勢如此，唯有內親外睦之一法，或可以渡此難關。換言之，對內應無不可親，對外應無所不睦。如對內有親、有不親，則統一難期，復興無望。對外有睦、有不睦，非近憂立發，即遠患潛滋。先生留學海外，聞見必廣，當能諒此。諸先生以培養人格相勗，竊以為苟利於國，一切個人之安危毀譽，悉舉而犧牲之，此為人格之最高點，深願有以共勉之。百忙怖悃，幸恕率直，順頌大安。（1934.1.16《黃郛日記》）

這些具有血性的文字都來自這一份八十餘年前的時空膠囊，也給予今日讀者一個人物與他所處時代的鮮活印象。

編輯凡例

一、本系列之黃郛日記以美國史丹福大學胡佛研究所
　　收藏「黃郛文件」（Huang Fu Papers, 1920-1936）
　　之「白雲山館主人日記」現存手稿為底本進行整
　　理，白雲山館為黃郛在莫干山居住別墅之名。少
　　許內容於製作微縮影像前即先遭遮蔽。現存日記
　　手稿收錄時間起自1929年1月1日，止於1936年8
　　月16日，12月6日黃郛逝世，計十七本，惟記載
　　1929年10月20日起至1930年2月22日間之第三
　　本已告佚失，存十六本。現存十六本日記內容全
　　文為首度公布，離日記主人黃郛謝世83年。

二、如遇日記當日內容缺漏，則依殘存文字上下文，
　　屬之後缺漏者註明〔後缺〕，若為之前缺漏者註
　　明〔前缺〕。全日缺漏者註明〔缺〕。

三、本文以現代標點符號進行日記斷句，以一日記事
　　為原則，不細分段。如作者在日記天地另行撰寫
　　提要，則以【】標註，另起一段，原則置於該日
　　日期、天氣條目之後。如不只一則提要，依上下
　　午、晚時段獨立分段，置於該段之前。有關作者
　　原文所稱書名以「」符號註明者，統一以《》符
　　號標示。

四、日記主人書寫有關古字詞、非今日通用字者，如
　　「甯」、「勦」、「効」、「歷」、「体」、「并」

等，仍依作者手稿使用原字不予更動。日記使用
姓名書寫同音轉字情形或筆誤，均依作者手稿錄
入，不另行更正。日記使用之俗字、簡體字以正
體字呈現。

五、如遇字跡無法辨識者，均以□符號表示，每一個
□符號代表一字。原文以圈字呈現者，均以○符
號表示，每一個○符號代表一字。

六、日記內容涉及人物、事件複雜，參與日記手稿整
理核校團隊限於學力識見，思慮恐難周全，雖經
校對，舛誤謬漏仍在所難免，尚請諸位學者專家
不吝指正。

目　錄

民國 20 年（西元 1931 年）

1 月 1 日　陰

　　晨起做動課。早餐後舫婿、蘭兒率三外孫女來拜年，未幾，耿續之、顧逸農、朱達齋、應肆三、岳軍夫婦女及其子女、達齋夫人及其弟媳子女、文欽夫婦、志萬、次九、傑才、修直、錦澤、君怡夫婦、俞鴻鈞等先後循俗來拜年。午後，翊唐夫婦、墨正夫婦、鑄甫夫婦、趙叔雍及炎之夫婦，均來拜年（林季良、殷亦農、汪叔明、林士諤等來，均未見）。

1 月 2 日　晴

　　晨起做動課。早餐後王石蓀來晤，又循俗禮偕予妻及小真兒同出答訪文欽、墨正、達齋、鑄甫、翊唐、鴻鈞諸家，即在翊唐宅午餐，遇王勇功、李小川二君。午後至炎之及修直兩家，又命小真兒答訪義舫婿。

1 月 3 日　陰

　　晨起做動課。早餐後蘭兒偕舫婿并率外孫等來遊，舫婿略述市政府內之閑話。傍午，赴東亞酒樓蔣伯誠君招讌，午後，感覺喉痛，乃電話趙醫生啟華來診視，知仍係受腸胃影響，除遵醫服藥外，切戒多食。

1 月 4 日　晴

　　晨起做動課。早餐後傑才、選宜、蔣元新諸人先後來晤，傍午，炎丈送果子貍來，伯樵、君怡亦均來共午餐。午後震修來談，又共打牌為戲。

1月5日　陰

　　晨起做動課。早餐後純孺、亞農二君先後來談，亞農在予處共午餐。午後，作書復楊予戒（附紹介函致陳藹士）、張雨樵、高承光、金仲蓀（為新劇「猛於虎」改名為「祈禱和平」事）諸人，又劉鐵臣來介紹日醫島田，允姑試之。傍晚，文欽來談（為銷假問題）。

1月6日　陰

【島田開始來療治胃病】

　　晨起做動課。早餐後橘三郎（恩明，南滿顧問）偕醫生島田萬之助來行藤井式物理治療法，彼謂本晚即可不咳，食量即可增加等語，姑試之。又文欽來報告已見過岳軍，從前誤會已說開，擬即日銷假視事云。正午，偕內子赴香港路四號銀行俱樂部湯德民君招讌。午後袁同禮由北平來談松江韓家古書出售事，當即叫辰姪來，囑伊與袁接洽。又湛侯由杭來談中興煤礦事，及泛論世道人心，共晚餐後別去。晚間，亞農飭人送書六冊來，乃明末呂君所作《呻吟語》一集。

1月7日　陰

　　晨起做動課。早餐後王省三之子王恩照來託，謀公安或公用局事，又呂習恒之子呂孝華（訓欽）來託，謀財政機關事。正午，在宅為伯樵壽，吃麵。午後，島田再來行藤井式治療法，因昨日診治後，當晚確能止咳，已見功效故也。晚間，文欽送通知書來，為廚丁陳成之子送入貧兒院工讀。

1月8日　陰

晨起做動課。早餐後作書寄吳立凡，為呂孝華謀事，又作書寄沈理源，語與董顯光接洽莘耕里房屋事。又島田醫生來續施診治，又作書寄何雲交由陳琨年面呈（為陳求差委）。午後，周季梅君由北平來訪，又湛侯學兄來晤，共晚餐後別去。

1月9日　雪

晨起做動課。早餐後島田醫生來治病，又程遠帆君將赴平津，來辭行。午後偕妻女出散步，觀覽雪景。傍晚，湛侯、仲勛、炎之、和姨等均來訪，并共晚餐（是日復藍軍恆一書）。

1月10日　晴

天氣大寒至零度下二度半，晨起做動課。早餐後何敬之學兄夫婦來訪，談半小時別去。又島田醫生來診治，又王允慕學兄偕李向瀘（蘭漪，閩人）來看手相。午後理髮師來理髮，又作書寄楊予戒（附去陳藹士復信）、何傑才（附去前美國公使馬謨瑞賀年片）、金止觀諸人。傍晚偕予妻赴新新酒樓工程學會年會聚餐會（伯樵請）。

1月11日　陰

晨起做動課。早餐後出訪何敬之、李協和二君。午後馮若飛君來談，又託伯樵代發請柬。傍晚赴全浙公會，褚慧僧兄招讌，又在該處打詩條為樂。

1月12日　晴

　　晨起做動課。早餐後橘三郎來述外間有吳子玉到甯之傳說，并送來印紙兩張，要求書寫。又島田醫生來診治，又作書復吳立允（請委用呂孝華）、藍軍恆（為潘馨航子結婚，代送禮事）二人，又作書寄陳陶遺、曹樹銘二人。午後閱書一小時半，仲勛姻丈來訪，談其第二子之病，要求介紹島田醫治。傍晚和姨、炎丈均來共晚餐。

1月13日　晴

　　晨起做動課。早餐後仲勛帶其第二子來候島田醫生療治，十時半，島田到，先為予診治，繼為仲勛之子治，據說彼係神經系統病，非藥石所能治，惟有用此器械必可有望云。午後呂孝華君來，命其持介紹片往甯，謁吳立凡廳長，因日前已用函為之說定，在首都警察所總務科服務也。

1月14日　晴

　　晨起做動課。早餐後，島田來治療，金問泗來閒談。藍軍恆由天津來帶潘馨航、張月笙等相片，蓋彼等尚執迷未悟也。又岳軍由甯歸滬，及見蔣後，因滬公安局事，頗難應付（蔣主張調陳希曾充任）。日前一時負氣，今日即得其果，可不慎哉。又謂蔣要求岳軍同意使日，而調熊式輝繼滬市長職，故岳軍甚頹喪。正午，在寓讌客，有李協和夫婦及王允恭諸人。午後三時至一品香為褚慧僧兄之子漢雛證婚，五時半歸寓，王石蓀來

訪，要求至彼校演講，談半時別去。

1月15日　晴

晨起做動課。早餐後傑才來談清華事。未幾，島田來治療，又江藤豐二由南滿來雜談滿洲情形。傍午湛侯夫婦來訪，留共午餐。午後，至中國銀行訪張公權及吳震修二君，公權在蘇州逗留未晤，僅晤震修，託辦戲票，并談金銀比價問題而歸。

1月16日　晴

昨晚稍有寒熱，徹夜出汗，故本晨起床稍遲，休息動課一天。早餐後島田醫生來診，告以昨晚情形，彼較往日治療情形加倍治療，并謂本晚定可舒鬯，姑再試驗之，以定我對島田之信用程度。午後讀書兩小時，傍晚君怡來視病。

1月17日　陰

晨起做動課。早餐後彭凌霄君由杭來晤，又島田醫生來治療。午後電詢岳軍川中情形及對吳子玉消息，又電邀亮才來談電政事。

1月18日　晴

晨起做動課。早餐後島田來治療。趙叔雍偕王允恭二君來談，邱仰山由甯來談，藍軍恆將赴津來辭行，託帶去相片兩張，一遺潘馨航，一遺張月笙答禮也。正午赴西摩路陸費伯鴻君之新年讌，午後三時歸寓。傍晚劉

鐵臣君來訪，晚間仲勛、湛侯、炎之等來談。

1月19日　晴

【胃已上升，予妻狂喜】

晨起做動課。早餐後，作復書靜芝及余坦先（舊北大學生，現在暨大擔任教務），又島田來治療。傍午，復請馮五昌醫生來診視，因馮醫生在北京時即為予醫胃病多年，素知予胃下垂情形，昨日島田謂予胃已上升過臍，已與常人不相異，予疑「藤井式治療」不應有此奇効，故特請馮醫來證明。不料，診視結果，確已上升過臍，予妻在傍參觀，見馮醫發表後，狂喜無已。惟予告馮醫實況（即島田每日用物理療治），馮醫露不愉之色，足徵我見法執陷人之深，而同業隨喜尤為難能也。午後理髮師來理髮，又蘭兒攜敏孫女等來共茶點。晚間在萬國體育會讌請梅蘭芳，同座共20人，讌畢，至夏金配克看梅演刺虎，十一時半歸寓。

1月20日　陰

晨起做動課。早餐後堯年代買闊褲帶來，又島田來診治，并開始為予妻診治，因昨日馮醫之證明，對島田已起相當之信心也。島田是日偕舊日友大村得太郎同來（大村為北京三井支店長），又林烈敷來談赴贛見蔣，及與西北將領談敘經過。午後出外購物，傍晚湛侯、仲勛、炎之來共晚餐。

1 月 21 日　陰雨

【盧信著《不徹底之意義》】

晨起做動課。早餐後王有禮由莫干山來報告山上情形，又島田來診治，并勸予妻練習此種治療法，又作書寄凌穀然、陶益生諸人。傍午伯樵夫婦及紹蘭等來共午餐。午後作書覆張敬純，又讀完吾友盧信公著之《不徹底之意義》一書。晚間君怡夫婦來雜談。

1 月 22 日　陰

晨起做動課。早餐後島田醫生來為予及予妻診治，又文訪蘇由北平來，談及法治、人治問題，及曾文正「不勝、不遑、不與」三素養，足資韋佩，彼又談及福中公司總經理事，予拒絕之。午後齊世英（鐵生）來訪，談及在政治會議擔任特務秘書半年來之所感，傍晚別去。

1 月 23 日　晴

【江口俊博著《手掌療治入門》】

晨起做動課。早餐後鑄夫來談將往陝西，予允為之紹介李宜之君。又島田來治療，又易寅村來訪，談張學良情形，彼之觀察與外間所得稍異，頗有獨具隻眼之處。傍午林季良來談。午後讀完江口俊博、三井甲之同著之《手ノ掌療治入門》一書。傍晚，修直來談銀借款問題，似醞釀已久，漸有具體之進展。復同至炎丈宅吃麵，因彼新得一子，本日為三朝也。

1月24日　陰

【唐大圓《佛學講演集》】

晨起做動課。早餐後島田來治療，又作書復北大學生何廷述（川人），正午赴陶星如宅（李協和兄借該宅招讌）午餐。午後三時歸，讀唐大圓居士之《佛學講演集》畢。晚餐後修直來接同往看楊小樓演「漢陽院」，亦係應協和兄之招也，十二時半歸寓。

1月25日　雨

晨起做動課。早餐後島田來治療，又王湘亭學兄來訪，晤談一小時別去，又北大學生余坦先（佑人，粵籍）來談，彼幼在新加坡皇家學院久，故長於英文，在北大係研究政治、法律者，傍午別去。午後偕伯樵、君怡、炎之諸人赴萬國體育會打地球兩盤，並在該處共茶點而別。傍晚許靜芝由甯來雜談一小時別去。

1月26日　雨

晨起做動課。早餐後島田來治療，又讀書一小時。午後青甫由杭來訪，又鄭遠安由莫干山來訪，又殷鑄夫君將往陝應楊虎城主席之召，予為之紹介於李儀祉姻兄，李現任陝省建設廳長（是日，馮五昌醫生又來驗胃，確已上升臍，彼將往島田處研究云）。

1月27日　雪

晨起做動課。早餐後島田來治療，彼要求予相片一枚，乃題字給之。又文欽由甯內政會議畢歸滬，偕岳軍

來商應付赴日問題（蔣擬使文欽赴日事），傍午別去。
午後託伯樵代購馬克四百匯往德國接濟學費。又熊哲
民、朱鳳千二君先後來訪，詳談北部政變經過，乙黎由
寗來談此次奉命往北平調查學校經過情形，蓋無往而不
可嘆息也。

1 月 28 日　陰

【唐大圓著《唯識的科學方法》】

　　晨起做動課。早餐後島田來治療，又作書寄藍軍
恆、馬君武、王恩熙諸人。

　　午後讀完《唯識的科學方法》一書。晚間伯樵、仲
完來雜談，十時就寢。

1 月 29 日　晴

　　晨起做動課。早餐後文欽來談，又島田來診治，又
作快函寄潘馨航君，又陝西華陰兵工廠廠長劉楚材君來
訪（劉與沈志萬、井崇生善，舊充陝省實業廳長）。午
後朱公亮（湘人，留美陸軍，前浙江保安處長）來談，
謂將赴德，又乙黎來談敘。傍晚亞農、叔衡、季實、靜
芝等先後來訪，晚間伯樵、君怡兩對夫婦及乙黎等在宅
打詩謎為樂，予負洋一元，十時就寢。

1 月 30 日　陰

　　晨起做動課。早餐後島田來治療，又讀書兩小
時。午後繼續讀書，傍晚赴沈崑三宅晚餐，同座有劉
子楷（閩人，前駐西班牙公使）、伯樵、君怡、叔雍、

翊唐等各位夫婦。

1月31日　陰

【唐大圓著《唯識新著四種》】

　　晨起做動課。早餐後島田來治療，又姚月卿來託代收獵槍一枝、子彈百粒帶山。文欽來敘談其對日交涉政策。十一時，陳任先率其子來訪，謂將由北平南移來滬，開始律師職務，正午別去。午後讀完《唯識新著四種》一書，又金純孺將赴甯就實業部參事，來辭行，予勸其對建設計畫上有通盤及具體的研究及供獻。何傑才君來，告以清華學校內容。傍晚許修直君來，同至炎丈宅晚餐。

2月1日　晴

晨起做動課。早餐後島田來治療，應肄三君將赴甯來辭行，予作書與許靜芝介紹之。又何廷述來談編輯《內政與外交關係經過紀實》一稿，汪翊唐君來告王勇功赴甯事。羅馭雄君（丹光，湘人，舊北京師範大學研究生，現充七十七師羅師長霖〔號子雯，陵零人〕之祕書長）來談別後經過，予告以應就現在地位切實工作，以混成十六旅為榜樣。傍午文欽來告彼必辭職，因岳軍由甯歸，知蔣意已決也。午後伯樵、君怡、炎之等均先後來談。傍晚仲勛、鹿君、修直諸君亦來共晚餐，餐後岳軍夫婦又來訪，岳告我三事可作參考者：（一）王湘亭、何雪竹二學兄談我事，蔣順手託王、何勸駕。（二）炎之對德士古事。（三）大局尚未可樂觀。

2月2日　陰

昨晚小腿忽酸痛，今晨不能照常做動課，早餐後島田來治療，兼治腿痛，無甚大效。十時阮君介凡偕張星吾來訪，張為北平丹鳳火柴及龍煙鐵礦等產業經營者，十餘年前曾一度充任農次，雜談至午別去。午後理髮師來理髮，并請其按摩左腿，晚間復請島田再來治療，是夜睡眠稍酣，左腿酸痛之勢，似較昨夜稍殺。

2月3日　陰

晨起做半動課。早餐後島田來治療，又傑才來約本晚看楊小樓夜戲，予因腿痛未愈辭卻之，雜談一小時別去。午後暢卿來訪，彼自飛機肇事墜傷入院已二月餘不

來予宅，此為愈後第一次，不禁人世之感，又陳希曾將任市公安局長，特來週旋，予勗勉之。晚間伯樵、君怡等來雜談。

2月4日　雨

晨起做動課。早餐後島田來治療，又文欽來告交代事，又王允恭學兄來謂為其兄王述琴請求免予通緝事，將赴甯」，要求介紹靜芝、乙藜二人，予各作一書予之。午後修直來謂日使重光擬派其參贊林出求見予，約伊星期五午後來宅會晤，又林烈敷將往京就國府參事職，來辭行，彼對吏治及西北情形頗有獨到之見。

2月5日　雨

【呂新吾著《呻吟語》】

晨起做動課。早餐後島田來治療，適黃伯樵來為之介紹島田，將於明日開始往治彼之糖尿病。午後讀完明代呂新吾先生著之《呻吟語》第一冊。

2月6日　陰

晨起做動課。早餐後島田來治療，又讀書一小時。午後日使重光偕其參贊林出來訪，留共茶點而別。

2月7日　陰

晨起做動課。早餐後島田來治療，又葉揆初來談中興煤礦事，又傑才、文欽先後來談。午後許修直君來接洽。晚間李協和兄請觀劇事，予允之。是晚八時半，

赴大舞台觀馬連良之「打棍出箱」，楊小樓之「盜御馬」，隔座岳軍夫婦陪雪軒夫婦，亦在觀劇，且有暢卿作陪，午夜一時歸。

2月8日　陰

晨起做動課。早餐後島田來治療，又仰先、香舲、炎丈先後來訪，又作書寄邵泛萍、何傑才、姚松仙三君，午後仲勛、鹿君、炎之、修直等來晤。

2月9日　陰

晨起做動課。早餐後島田來治療，又橘三郎來談滿蒙問題，彼急欲解決吉會路全線，隱情畢露，予勸其非為雙方根本上著想不可。午後厚生由北平來談彼近研究政治歷史，將有著作出版，談兩小時別去。

2月10日　雪雨

【島田治療滿五星期暫停】

晨起做動課。早餐後達齋偕沈君理源來晤，談及天津市面仍無起色，理源（舊歷）年內尚須回津渡歲。又島田來治療，告以明日起暫停。又作書復易寅村、郭廷煥二君。午後孔廉白來謂將調往津浦，此間後繼者為鄧祖禹，謂與杜（月笙）、張（嘯林）有關係云，又章行嚴君由奉天來談東北大學情形。

【錢階平來訪】

傍晚錢階平由賓來談莫柳忱對俄情形，大致中國擬先解決東路，俄方要求復交、通商、東路三事同時

解決。中央因對俄復交無甚利益，且禁止宣傳共產一
節並不能得確實保障，故主張延宕，而奉天當局直接
受邊境之壓迫，又極希望中央能速得解決之方，故極
為困難云。

2月11日　晴

晨起做動課。早餐後出訪熊天翼、張公權二君。正
午在宅讌沈理源君，同座有達齋。午後暢卿來談導淮
會，舊命新頒事，適特派狀寄到，僕人楊林誤為訃聞，
此中似有玄祕，姑俟相當歲月後以驗其徵。又談悉孫連
仲兵開贛剿匪事，並未實現，聞孫仿民元袁世凱故智借
兵臨開脫逃（三營人，至車站後自由西去），遂不開
贛，中央反須去電慰藉以安軍心，可嘆也。晚間君怡夫
婦來雜談。

2月12日　雪

晨起做動課，早餐後，作書寄沈立孫、易寅村、黃
堯年、姚松仙諸人。午後讀完「呻吟語」第二冊。

2月13日　雪

晨起做動課。早餐後出訪文欽及陳任先二人，傍午
歸來。逖弟來共午餐，告已得寧信，委充總部參議，午
後堯年姪來，託伊帶去復松仙老伯一函，並附去洋貳百
元，又理髮師來理髮。

2 月 14 日　雪

晨起做動課。早餐後作書寄文訪蘇、黃約三、呂孝華三人，又作書寄程蓮士、呂習恆二人。正午伯樵夫婦來共午餐。午後玉家楨（樹人，奉天人，現任外交次長前，曾任職東京使館，故與汪衰甫、文訪蘇善，此次由訪蘇來函介紹）來訪，此人似研究經濟者，確係東北出色人材。

2 月 15 日　雨

晨起做動課。早餐後出訪劉鐵臣君未遇，又至先施公司購買電鐘、絲煙、麥皮等類而返。正午在宅試驗改良讌會，同座有汪翔唐、程遠帆、黃伯樵、沈君怡各對夫婦。午後二時半散。三時徐季實來報告新任公安局長陳希曾留伊繼續任職事。傍晚炎之、仲勉、文欽等來晤，并留共晚餐。

2 月 16 日　雨

晨起做動課。早餐後讀《海潮音》雜誌兩冊。午後，赴伯樵處談坐，又至法租界公園散步，傍晚歸寓。（是日午後震修來談并送來杜鵑花四盆）。

2 月 17 日　雪

【辛未元旦，庚寅月癸卯日】

晨起做動課。早餐後電詢藹徭小姐（蘭兒之夫妹）探詢蘭兒入院割治耳管消息，據說尚未得到病院電話。義舫婿往陪在側，當可放心等語。傍午殷亦農來稱日本

新任駐意大使吉田（即北京日使館參贊，又調任天津總領事，又升任外交次長）赴意任過滬，要求一見，予以詞緩卻之。又談及經濟學會及東北黨部內幕，殊為時局憂慮。午後文欽、傑才、仲勛、暢卿先後來談。

2月18日　晴

晨起做動課。早餐後金問泗由甯來，予前次對伊勸作全盤的建設計畫，彼已與陳大受討論草擬一份帶來（稿存備查）。又文欽、伯樵等兄先後來談，伯樵在予處共午餐。午後到先施公司購件，又借予妻赴蘭兒宅視病（蘭兒與芳外孫女均於昨日用手術），坐半小時歸。傍晚岳軍來晤雜談半小時別去。晚間又做動課一次。

2月19日　陰

晨起做動課，早餐後孔廉白來辭行，因彼已調任津浦，予為之介紹宴鋒，書一名片與之，又作書復羅子雯、褚漢雛、劉鐵臣三君。午後讀書一小時，又出外散步一小時。

2月20日　陰

晨起做動課。早餐後馬曉軍君來訪，談及一黨治國，頗滋懷疑。予謂以黨治國，無論古今中外皆然，不過，有兩黨交替及一黨專政之別而已。虞舜之世有十八黨，係一黨專政者，所謂「有婦人焉，九人而已」。商周之交，兩黨交替，所謂「受有臣億萬，惟億萬心，予有臣三千，惟一心」。故無論兩黨一黨，均以安國定天

下，而其要旨全在黨之本身有否真精神與真結合，馬君深以為然。午後偕予妻至先施購物，復至蘭兒處探視病狀。晚間君怡帶來地圖及說帖稿一份，詳述滬上高等奸商又欲破壞上海新計畫之商港問題。

2月21日　陰

晨起做動課。早餐後何廷述、康選宜二生同來訪談教育問題，予主張凡在校期內無論教員學生，概應暫停黨員資格，何、康亦以為然。午後，文欽來晤、又宋子清來訪，依然東奔西跑，不定不靜態度，可惜、可嘆。傍晚炎丈來接至彼宅晚餐，因是日為彼新得之子滿月之期故也。又張公權兄亦來訪，略談銀借款及漢中行幣與法界糾紛事。

2月22日　陰

晨起做動課。早餐後答訪湯德民、潘公展、大村得太郎諸人。正午赴華安八樓張鎔西兄招讌，午後三時歸寓，炎丈、仲勛、鹿君諸人先後來晤。傍晚修直亦來，留共晚餐，九時半散。

2月23日　晴

【父親忌辰，四十五年無父身，予七歲傷父，今已五十二矣】

晨起做動課。早餐後達齋來談，送來請柬一份，係諸舊友聯名為予夫婦壽，准陰歷初九在杏花樓晚餐，計聯名者共十八人（吳振修、朱達齋、袁文欽、林季良、

徐子青、徐季實、孔廉白、陳劍塵、計仰先、許修直、
顧逸農、傅墨正、何傑才、耿續之、周亮才、沈志萬、
汪叔明、金九如）。又作書復湯愛理、張雨樵、張敬純
三人。正午在家行祭禮，因是日為陰歷正月初七日，乃
父親忌辰。午後，子青姪夫婦來，謂將調任濟南中央銀
行行長，予為之作書紹介芳亭、伯誠二兄交伊面遞，共
茶點後別去。晚間周亮才君來談交通部對大北、大東合
同滿期辦理經過，又君怡來談工務局技正歐陽（岳軍所
荐，歐陽競民之子）不守紀律，擬停伊職之事。

2月24日　晴

【暢卿披瀝意見，對予與蔣間有所陳述】

　　晨起做動課。早餐後耿續之來談駐日公使撤換問
題，予謂其轉告襄甫，尚可少待，以觀究竟。又暢卿
由甯歸來，告我與蔣晤談情形，除對國民會議主張要
製約法（胡展堂等不贊同），及對江西共禍有所討論
外，談及三年來予與介石間問題，暢卿披瀝伊在兩方
間旁觀，所得之感想。自五三濟案說起，值至最近情
況，介石自認錯誤，并云將乘機有所聲明，為予辯白
等語，舊事重提不無感慨也。午後季實來告路警、水
警情形。又唐琴聲來求與伯樵說租用碼頭事。又朱公
亮將赴德，偕其夫人來辭行（其夫人與予妻為景海同
學），共茶點後別去。

2月25日　晴

　　晨起做動課。早餐後作書復唐企林、于子昂二人。

午後陶孟和兄由北平來雜談種切。傍晚伯樵車來接赴杏花酒樓，十八友人之公讌，有王無能、人人笑、獨弦唱三種餘興。

2 月 26 日　晴

晨起做動課。早餐後作書復陳漢章（現在孟量督辦處任參長）。是日為陰歷正月十日，十時頃，客漸漸到，正午均在宅吃麵，計共到客卅七名。是日馬雲亭兄偕其夫人來訪，因讌客擋駕。王石蓀君下午來，略談別去。本日予妻填〈滿江紅調〉詞一首，借以自壽，特黏附於此，以留紀念。

2 月 27 日　晴

晨起做動課。早餐後黃仲蘇來談，約一小時別去。傍午石曾、公權二君先後到，共午餐。午後四時，偕予妻及石、公二君同至世界學院看新陳列之古樂器共154種，又至一品香訪馬雲亭兄夫婦，未遇而返。傍晚馬雲亭兄夫婦來歷述一年半以來，奔走局之經過情形，甚詳。

2 月 28 日　晴

晨起做動課。早餐後，李曉垣兄由北平到，兩三年不見，倍為忻慰，歷述年來修証所均及在北部經過情形，竟談半天，共午餐後別去。午後與黃紹蘭先生論「愛人不親反其仁」語，予以為此乃孔子教人之方便法門，否則愛人而求人之親我，則其動機先私，換言之非

愛人也，乃愛己耳。紹蘭深以為然。傍晚炎之、仲勛、
鹿君諸君來談敘。

3月1日　陰

晨起做動課。早餐後文欽、廉白先後來談。午後孟和將北返來辭行，又炎丈由浦東帶到大白魚一尾，傍晚仲勛、鹿君來共吃白魚。

3月2日　陰雨

晨起做動課。早餐後作書復朱少屏、葉叔衡二君，又出訪李曉圓兄未遇。更訪暢卿兄，得悉廿八日晚介石以請客為名，已將展堂看管，其主因似對國民會議意見太相阻（介石要製約法，展堂反對）。傍午歸寓。午後修直來談，謂本日公債大跌（或係受展堂事之影響）。又金問泗來探松江韓氏藏書內容，予惜未能盡告之。

3月3日　雨

晨起做動課。早餐後志萬來談，又彭凌霄君由杭來訪，詳談對藍軍恆與潘馨航間問題，凌霄雖未甚滿意，似尚能了解予之苦衷。傍午別去。午後作書復厚生，又朱少屏來談江蘇通志事，予對伊略述採訪事蹟（上海部份）之意見。晚餐時君怡夫婦來并帶到元宵十枚（因是日適為元宵節），乃命庖丁煮而共食之。

3月4日　陰

晨起做動課。早餐後曉垣、詠瞻兩學兄先後來談。詠瞻此次大膽隻身入匪區調查歸來，言內容甚詳，前途頗難收拾，至可憂慮。曉垣共午餐後始別去，午後作書復吳君承齋，對伊「水清無魚」之說，

有所解釋。傍晚岳軍、湛侯先後來談，岳軍先去，湛
侯留共晚餐後九時別去。

3月5日　陰

晨起做動課。早餐後藍軍恆君將赴津來辭行，予託
伊託伊帶致潘馨航一函，藉以酬酢。又李功範來訪，談
津情形，還是蕭條無起色。午後暢卿來談，又黃紹蘭女
士來，為之解說佛理，破其執著。傍晚赴呂班路炎丈
宅，答訪湛侯，即在該處晚餐，十時半歸。

3月6日　雨

晨起做動課。早餐後作書復吳時偕君。又欲赴永安
購買零件未果，僅至蒲相坊145答訪朱劫成君，約談一
小時而歸。傍午李曉垣兄搬行李到，借住予宅，予為之
安排在樓上東北房間，宛然「民十五」在天津時同居景
象。午後與曉垣閑談。晚間君怡來雜談，並借去《馮煥
章日記》一冊。（是日託伯樵定印信封一千二百個）。

3月7日　晴

晨起做動課。早餐後蔣元新、袁文欽先後來訪。又
歐陽駿民來訪曉垣，與之共談佛理，彼崇信密宗。共午
餐後別去。午後修直來訪，又蘭兒帶敏外孫女來，未幾
舫婿亦來，乃共茶點。蘭兒併留共晚餐後別去。是晚與
蘭兒及曉垣兄共談濟案經過實情，感情衝動。晚間遂未
能酣睡。

3月8日　陰

晨起做動課。早餐後李功範、何傑才，又袁文欽帶同殷体揚（殷公武之胞姪）各來見，黃伯樵來，同至周景文（眼科醫生）處配眼鏡。傍午蔣伯誠來談。午後陳希曾來酬酢一番即去。晚間與曉垣談佛并加練太極拳一次。

3月9日　陰微雪

晨起做動課。早餐後作書復蔡冶民（謝其送壽禮來〔圖章一對〕）、孫伯川、湯濟滄、沈立孫四人，午後于子昂、劉蘭江、雷嘯岑等先後來訪。

3月10日　陰

晨起做動課。早餐後作書金止觀，并為其作介紹書於汪兗甫公使為金生入學事。又李協和君來訪予與曉垣二人。午後三時岳軍來車接往參觀虹橋路美人密勒博士所辦之療養院，并在該院晚餐，與岳軍詳談政局。

3月11日　晴

晨起做動課。早餐後李功範來訪，又偕曉垣出訪李協和（遇）、劉蘭江（留片）、張鎔西（遇）諸君。鎔西約同至「大三元」粵菜館午餐，并電邀暢卿來陪，快談至午後三時半歸寓。傍晚岳軍來共晚餐（並送曉垣兄旅費千元）。晚餐後暢卿又來，直談至十二時始散。暢卿告我在寗承張我華之約，與王儒堂遇，三人共食詳談，說起當年濟案，儒堂歷述誤會緣起，冀暢卿能從中

解釋，予亦將經過實情舉儒堂之未告暢卿者補告之。

3月12日　晴

【晚曉垣授法】

晨起做動課。早餐後曉垣兄補授予夫婦修持法，又計仰先、沈君怡、朱炎之、袁文欽及堯年姪等先後來訪，仰先、堯年併共午餐。午後仲勛、鹿君來談。傍晚岳軍來車接予及曉垣兄往彼寓晚餐，同座有劉塵蘇、楊暢卿。據塵蘇言平漢線廣水間共產黨極為猖獗，岳西峰師已全滅，岳且受傷被虜，岳恐不免為張輝瓚第二矣，可嘆。

3月13日　晴

晨起做動課。早餐後李功範、唐企林、何傑才、張漢之、程遠帆諸君先後來訪。又理髮師來理髮。午後整理小行李豫備明日赴杭旅行。晚九時曉垣先起程赴漢口，此次曉垣先來滬，在予處一住八日，朝夕談聚，於世間法及出世法，均受益不少。

3月14日　晴

晨起做動課。早餐後趁九時車赴杭，下午二時半到。寓西泠飯店，稍憩後即往靈峰寺訪圓湛法師（陳陶遺君來函謂圓湛乃留學陸軍者，入佛門後極深造，不妨往訪，且該寺有應季中君紀念堂可以下榻等語，故往訪焉）。至則詢知圓湛已於三年前往普陀，而季中紀念堂亦遍覓不得，蓋「無常」之定例亦適用於斯

矣。歸過杏花村酒店，即入內與予妻小吃。飯後繞孤山謁林太守墓而歸。

3 月 15 日　晴

　　晨起做動課。早餐後偕予妻乘輿出遊靈隱經三天竺，走瑯璫山登獅子峰，該處有杭紳高某創一製茶葉公司，附有別邸，風景極佳，邸之中樓設有鸞壇，頗為莊嚴，稍憩飲茗後復經橫山到五雲山午餐（素食）（山高一千尺，南可望錢江，北可望西湖），餐畢，經伏虎亭下山達閘口，登六和塔（七級十四層），即由該處電召汽車返飯店，以節輿夫之力。傍晚在湖邊太和園與予妻對酌。晚間陳果夫來訪（彼同寓西泠飯店），雜談半小時。

3 月 16 日晴

　　【是日為陰歷正月廿八，係予生日，蓋此次純為避壽來也】

　　晨起做動課。早餐後偕予妻乘輿出遊，由毛家埠（見都晉奚學兄之宅，因其世兄經商頗得利，故煥然一新，令我回想當年在武備時曾在此宅吃飯，飯後同往打獵。是年予方廿五歲，曾幾何時已五十有二矣。）經龍井（遇晉僧詢其名曰「信修」，出募捐簿（予捐洋五元，寫「無名氏」）繞九溪十八灘（九溪橋風景極幽，據傳宋康王逃難經此而達閘口渡江）到昭安寺（寺前有楠木林，寺僧亦出募捐簿，捐五元），復翻楊梅嶺出翁家山（老龍井在焉），而達煙霞洞，即在該處午餐（素

食，餐費五元）（寺僧名「復三」，嘉善人，因病入院，請一老僧代理，老僧名「開誠」，杭人，幼年經營錢業，又辦過釐卡，出家後已卅年，本年已七十四歲，甚健步，每日三餐，每餐吃飯三大碗，人極天真，無一般寺僧習氣，彼每年五月必往普陀龍壽菴住二、三月，餘時常在湖墅長板巷昭化寺充當住持。）餐畢下山，經水樂洞，洞極深，內有石鼓、石鐘、石筍等景。又遊石屋洞（亦捐寺僧五元），經出山埠回寓。稍憩後雇洋車偕予妻訪徐青甫兄，即在徐宅晚餐，餐後九時歸寓。

3月17日　微雨

晨起做動課。早餐後偕予妻訪彭凌霄學兄於西湖病院，復訪大、三哥於牛羊司巷34號宅內，大哥身較去冬稍健，頗為心慰，雜談家務至正午，乃叫館菜到家共午餐（予兄弟三人三嫂與予妻妯娌二人，再加姪女姪兒等共食，真真難得，蓋久旅外鄉，頗不易得此機會也）。午後又訪青甫兄，仍在青甫兄宅晚餐。餐後歸寓，登二樓答訪果夫談半小時就寢。

3月18日　晴

晨起做動課。早餐後俞詠瞻來訪，談贛東辦理清鄉事，又遇唐有壬君，九時一刻起身赴城站，公安局長何雲聞信來送，并偕其督察長董錫祺同來（董曾隨湛侯在青島市服務，武康縣董家村人，保定學生）。車於九時五十分開，下午二時到北站，志弟來接，歸寓見信件積押極多，披閱一小時餘。內有余生精一復

函（予前匯助學費四百馬克，彼來函道謝。余生在德研究經濟，書中附有〈講佛意見四編〉極為精闢）。又見友人不知予不在家，仍舊來祝壽送花籃等等，足徵習俗之真不易移也。

3 月 19 日　晴

晨起做動課。早餐後徐季實來囑予往辦「照料汪伯老靈柩過滬並備菜路祭」之事。又岳軍來談擬更換財政局長并告我公權等對新碼頭建築上之爭執，又藍軍恆自天津來代潘馨航送蘭譜來，予告以生平志願在對國家盡其忠實之忱，無一次政治運動為自己打算者。午後作書寄何雲託其照料汪靈。傍晚達齋、劍塵來託辦雜務。晚間君怡夫婦來共晚餐。

3 月 20 日　晴

晨起做動課。早餐後和姨來商赴禾掃墓事，又劍塵來代寫蘭譜收回送馨航。正午炎之、君怡來共午餐。午後文欽來談，知彼辦移交尚未清楚，始知用人之難。又修直來談，送來雪茄一盒，機器洋火一盒，蓋彼仍循俗禮所以補祝壽也。晚間張季鸞君由天津來談北方形勢甚詳，蓋隱憂尚多也。

3 月 21 日　晴

晨起做動課。早餐後，達齋來報告新銘輪到滬時刻。九時半，美人福開森由北平來訪，談別後三年之感想。午後作書寄林建成、唐琴聲、馮若飛、康

選宜諸人。

3月22日　晴

晨起做動課。早餐後藍軍恆將北返來辭行，託帶致馨航一函，并回送蘭牒一份。又程蓮士由甯來，送來趙之謙《真摹手札》十二幅（一冊）。又殷公武偕其姪殷体揚來訪，又傑才來談。午後徐季實、朱達齋同來報告新銘輪已到，將於明日午後二時移汪伯老靈，後晨致祭，又修直、炎丈、和姨等先後來訪，同遊花園并留共晚餐。

3月23日　晴

晨起做動課。早餐後作書復沈衡山，文俞詠瞻由杭來談，出示對贛東剿匪計畫，適岳軍亦來，俞遂託岳軍轉呈中央。岳軍並告我廣西情形（伍廷颺來述李、白變面不承認前議，陳濟棠亦袖手旁觀，黃紹雄陷入窘境）。午後葉錫洛來晤，總計已卅年不見，誠篤如昔，并知死友汝舟之夫人虔修佛道，極為難得。又石曾來會，勸我北遊，并參與北平繁榮委員會事。傍晚亞農由太原南歸，述孫殿英舉動，韓、馬、石、孫之醞釀，及北部社會之情形。亞農即在予處共晚餐後別去。（是日午後一時，文欽來車接同至新銘輪察看汪伯老靈移運，該輪買辦謝葆生頗出力相助。）

3月24日　晴

晨起做動課。早餐後文欽來接同至戴生昌碼頭致祭

汪伯老之靈（備有祭菜花圈），又順道訪伯樵。正午在宅讌客，同座有文欽、芷香、幼芝及涂劍宇、殷体揚諸人，談甲子及濟案兩事件之經過，不禁慨然。午後馮若飛來談。

3 月 25 日　晴

晨起做動課。早餐後公權來約明午讌英人路司（英美煙公司內英皇太子之代表，新自倫敦來，予之舊熟人），邀作陪客。又談國際聯盟會經濟股長蘇爾德來滬，將商幣制債務問題，予勸緩進勿留毒社會為妥。又王叔魯自北平來，彼身體較去年有進步，且亦因皈依佛法後，心境舒展之故。又顧逸農偕王蔭泰（孟群，張作霖做大元帥時之外交總長，現住巨福路155號）來訪，雜談對俄及共黨治動問題。又暢卿由甯歸，談國民會議及約法兩事已早失去精神，將來必有名無實云。午後出外散步四十分鐘歸宅，則沈衡山君已候一刻鐘，雜談至傍晚別去。

3 月 26 日　雨

晨起做動課。早餐後文欽、達齋先後來談。又理髮師來理髮。傍午，暢卿來車接偕往陶樂春赴鎔西兄之讌，同座有張季鸞、沈衡山等十餘人，又至沙遜飯店赴張公權之讌，同座有英人路司及沈崑山君。午後作書寄陳果夫、金山觀、程遠帆三君，又學生袁剛毅由江西來談一小時別去。傍晚暢卿來車接至杏花樓晚餐，同座即日間在陶樂春同座諸人（有俞寰澄、殷亦農、呂戴之、

袁文欽、張季鸞等），并有王滌齊在座，彼因予與之談佛，抄示舊作律詩四句云：「化工著物原無跡，天籟凌虛便可師。似我蹉跎堪一笑，未能鍊句鬢成焦。」

3月27日　晴

晨起做動課。早餐後出訪伯樵病並至新新公司定做夏季用鞋，又偕小真往診眼病。正午在華安與妻兒及仲姊午餐。午後文欽來告以兩粵近狀。

3月28日　晴

晨起做動課，早餐後出訪王孟群未遇。又訪劉子楷談約一小時，順道視蘭兒正在搬屋，新居較舊居陽光稍好，歸寓時修直在寓，彼送來米四擔（鄉間土法搗者）。午後徐季實來，託往探聯運事宜。

3月29日　風陰

晨起做動課，早餐後劉厚生君來訪，談鋼鐵、經濟、政治等等，頗有見地。傍午文欽來商赴杭并遊莫干山。午後修直、炎丈來談，并共晚餐。

3月30日　陰

晨起做動課。早餐後作書寄西泠飯店（定五號需用房間）、吳立凡（為呂孝華請揚叔）、呂孝華、李曉圓、沈立孫、何廷述、徐佛蘇、許修直（送彼趙撝叔手札一冊）、朱達齋（託代辦婚喪禮件）諸人，午後赴玉佛寺弔馮幼偉君之太夫人（百日忌辰誦經），又在該寺

旁聽諦閑法師講楞嚴經，一點鐘返寓後，金純孺夫婦、張岳軍夫婦先後來訪，傍晚客始散。

先是徐佛蘇來函論時局，最後有三斷案：（一）不反對黨治，但欲以黨治國必先以才治黨；（二）現制度凌亂錯雜，當局無論如何奮發，決無成效：（三）不先謀經濟建設，決不足以剿滅共匪。末言此斷案如無決心改革，恐多則三年少則二年，社會各方面必有群起向蔣個人總決算之一日。然彼全函約三千言，均期望蔣之成功甚切者也。故予作函復之，函內有「名言高論無任敬佩，而尤以最後所列三斷案對於時局全般之觀察完全與弟相同。年來每與當局晤必言及此，且言必盡量，言不一次。惟因（歷史關係）緣（環境關係）既由漸而成，亦必由漸而化，局內人之應付，當不如局外人進言之易，個中苦情，吾輩當深諒之也。」等語。

3 月 31 日　晴

晨起做動課。早餐後堯年姪與文欽先後來訪，又作書復曹樹銘。午後與文欽同至溫泉浴室沐浴，雜談幼年身世。

4月1日　晴

晨起做動課。早餐後，達齋來談，又偕予妻出訪伯樵夫婦，因彼等將往北平治病。又訪楊暢卿雜談時局。正午至二馬路中州梁園赴王滌齊君招讌，同座有谷九峰君，新由北平來者。午後何廷述、康選宜二生來晤，又日人（陸軍步兵大佐）土肥原賢二、（砲兵少佐）田中隆吉來訪。傍晚，錦澤甥來略談家務，別去。

4月2日　陰後稍晴

晨起做動課。早餐後，整理上山行李半日。午後，作書復顧松如、康選宜、王有禮、張雲蓀四人，又運出行李八件。晚間，偕修直在大雅酒樓公讌谷九峰君，歸寓已十時。

4月3日　晴

晨起做動課。早餐後作書寄呂孝華、沈衡山二人，又出訪君怡，接洽掃墓事。正午赴杏花樓暢卿招讌。午後，芳、萍二姨由審到滬，知嚴慈約君同車來，將於明日來訪。傍晚關志成君將赴神戶總領事任，來辭行。又至杭州飯莊應呂戴之君招讌，晚十時歸。

4月4日　晴

晨起做動課。早餐後，作書復褚民誼君，捐去上海精武會洋壹百元。又作書寄張鎔西，向其索昨晚所談〈滿江紅〉詞稿。又理髮來理髮。午後嚴智怡君由天津來談北方政情，及其父範老先生遺著付印情形。傍晚風

勢頗勁,天氣轉冷。（是日介石到滬,聞往甬掃墓）。

4月5日　晴

晨起做動課。早餐後乘七時車赴嘉興,同行除妻兒外,有芳、萍二姨。十時到站,君怡夫婦候無,乃改乘船先至俞家匯掃先祖父母、先父母及姑母、二哥之墓,在祠堂中致祭。祠中碧桃盛放,頗美觀,祭畢,焚化錫錠後賞管墳人王寶林洋五元、祭菜一桌,復乘船至九里匯掃岳父母墳,因與野孩教訓,不免動肝火,修養之功不到,下次深戒。歸船停泊鹽公堂前,是晚即宿船中。

4月6日　晴

晨起挈真兒登陸散步,至北門城內大街及驪橋一帶,歸船早餐（吃麵）,餐畢,命駛至車站購票（在站遇三哥及大姪亦來上墳）。乘十時車偕予妻及芳、萍二姨赴杭（君怡夫婦挈真兒返滬）。下午一時到站,文欽已購好赴莫干山汽車在站候,何雲公安局長排隊在站接,予甚不安,握手為禮後,即登汽車出城,五時半到山館。

4月7日　晴

晨起做動課。早餐後出散步,文欽等來訪,留共午餐。午後又出遊球場一帶。傍晚公安局張幼山局長來晤。（是日下午姚桂林、鄭遠安、李有功等均來。）

4月8日　晴

晨起做動課。早餐後作書寄孔廉白、張敬純、徐青甫三人，又與李有功決定後山造游泳池，價洋六百卅元（付定洋貳百元）。又駐山連長張某來訪（張幼山同來），各送舊著三冊。傍午鄭遠安來陪往觀 440 號房屋，地位極佳。午後文欽來晤，打橋牌消遣 five hundred，共晚餐後別去。

4月9日　晴

晨起做動課。早餐後文欽來同往 440 號屋復勘。文欽頗有購置意，乃囑管屋人函杭詢明屋主。歸寓在前廊打 Deck Golf 消遣，芳、萍二姨各記球盤、球桿等式樣及尺寸，蓋各欲在其宅仿行也。午後，與予妻及芳、萍二姊妹打麻雀四圈，予負五元為萍姨所得。

4月10日　陰晴大風雨霧晨間微雨

晨起做動課。早餐後本預定往遊銅官，為風雨所阻而延期。傍午文欽來閑談，遊玩終日共晚餐後別去。

4月11日　霧

晨起做動課。早餐後作書寄高子清、沈耀中、君怡三人，又作書復小真、亞農二人。午後在家遊玩雜談。

4月12日　陰

晨起做動課。早餐後葉撰初君來談中興公司事，囑轉達湛侯，當即告萍姨託到審後代達。又偕予妻及芳、

萍二姨赴鐵路飯店訪文欽，在飯店午餐，予又順便訪陳
果夫（彼在飯店養病），同時遇丁惟汾、陳希豪二君。
正午餐時聞介石弟有來山之說，已由杭起程，至午後三
時，又聞介石到庾村後，並未下車，當即回杭云。予遂
與文欽回訪葉揆初、潘履園二君而歸。

4 月 13 日　陰

晨起做動課。早餐後作書寄張寅鋒為芳姨定車座
北返事，又復許俊人君一明信片。午後偕親友等往遊
塔山公園。

4 月 14 日　陰午後晴晚間雨

【介石弟到山來晤】

晨起做動課。早餐後在園中看花，傍午聞介石弟偕
其夫人來山。正午飯時又報已到飯店，飯後予作書往約
時間會晤，予信去，遇彼使人來邀，遂往晤，談一刻
鐘，乃同出飯店散步至予宅共談三句鐘。四時半下山歸
去。是日，予妻于山館中所備之《苔岑集》，請介弟作
書，彼題「敬愛」之字。多年未得機會暢敘，今日雖雜
談甚久，然皆關於大問題供彼參考而已：（一）剿共應
軍事、政治兼施；（二）應仿曾文正維持禮教宣言，政
府態度欠鮮明；（三）對馮煥章出國問題（予主張去遊
歐洲較妥）；（四）新、甘回教問題加以注意，勿再養
大；（五）國民會議問題，主張趁此國民政府成立以來
第一次與國民代表見面，最好做到國民接受三民主義，
政府接受國民公意等等。介弟均以為然，并請留意約法

內容。正擬研究五院性質及總統問題時，而隨彼到山之
周象賢、宋子安二人入，話遂中止。

4月15日   晴

晨起做動課。早餐後文欽、履園先後來談。履園來
談欲經營公墓事，又同至金家山看魏姓房屋。午後整理
物件，豫備明日下山。

4月16日   晴

晨起做動課。早餐後九時半起程下山，在陟屺亭稍
停，到庾村後又沿溪散步，并早午餐，十一時四十分開
車，到杭後乘下午二時車返滬。在車中晚餐。晚八時到
梵王渡車站下車，君怡來接。

4月17日   晴

晨起做動課。早餐後作書寄藍軍恆、張寅鋒二人。
又蔣作民來晤談，傍午至炎丈宅午餐，遇湛侯談中興
事。午後歸寓，暢卿、岳軍來晤，知兩廣尚有糾紛，
汪、古合作，鄒魯、郭泰祺等已赴港，是時局不甚可樂
觀也。晚間至君怡宅晚餐。

4月18日   陰

晨起做動課。早餐後作書寄青甫、炎之、剛毅三
人。又至中國銀行訪震修、公權二君。午後作書殷鑄夫
君，又讀社會月刊一冊。傍晚君怡夫婦來雜談，至晚間
九時別去。

4 月 19 日　陰

晨起做動課。早餐後李挺生、計仰先、殷体揚、吳震修諸君先後來談，予代學生李挺生介紹於陳果夫。午後，芳姨起程北返，又修直來約張岱杉君求見，允於明日午後四時會晤。

4 月 20 日　雨

晨起做動課。早餐後張敬純君由津來訪談敬輿兄葬事，并言彼將赴揚州訪張之江督辦，予乃順便託帶名片四枚：（一）張之江（江蘇綏靖督辦）、（二）陳璞章（張之參謀長）、（三）梁子超（廿五路總指揮）、（四）李慕僑（指揮部參謀長），此四人者皆在南苑聽過予講者也。午後許修直君偕張岱杉君來見，談英美日對俄問題（五年計畫）。又金國寶（偕琴，吳江人，褚慧僧兄之姪女婿，滬交行副經理）君來見，請求作序。

4 月 21 日　雨

晨起做動課，早餐後孔廉白來晤，又理髮師來理髮。傍午金問泗來代顧少川做說客，予應酬之。午後作書復程蓮士、楊昌滬（補嚴楊古醞老伯之子）、曹樹桐、張漢之諸人。

4 月 22 日　晴

晨起做動課。早餐後曹樹桐、朱達齋等先後來晤。午後出外散步一小時，經過「賈爾業愛路九號」，據傳為介石私邸，由外觀望似乎地畝不小，然彼在私邸不見

客，故予未去過。傍晚炎丈、和姨來晤，並留共晚餐。

4月23日　晴

晨起做動課。早餐後草演說稿，題為〈勞働我觀〉。將於星期六赴勞大講演（稿另存），午後繼續起稿。

4月24日　陰

晨起做動課。早餐後因昨稿尚有一段未竣，乃完成之，并為北大同學會演講起定一腹稿。文欽由杭返滬來談，與青甫同車到滬，又修直亦來晤，共雜談茶點而別。晚間君怡夫婦來共晚餐。

4月25日　陰

晨起做動課。早餐後君怡派車來送萍姨到北站返甯。十時赴江灣勞働大學講演一小時半，遇該校社會科學院長章淵若君（無錫，留法）。午後一時與勞大校長王石蓀、總務處長林桐實同車至新新酒樓午餐。是日為王、林二君招讌，邀集前北京舊外部同人之在滬者，計有五十餘人之多。如顧少川、夏地山、周贊堯、廖敘疇、沈其昌、曹雲祥、張祥麟、史悠明、蕭繼榮等。三時歸寓。暢卿來訪，談及約法草案內容空洞無比，對政治前途頗失望。又述及介石對耶教與馬克思教有一自草論文要發表，眾諫不聽。又談及五三紀念擬請介石在回想之中有所申明，免後世不明真相，予恐妨礙國家，妨礙介石地位，主張「不必」。午後五時半又赴新新酒樓

赴北大同學會讌（彼等來函豫約演講），演講畢適法比同學八十餘人亦在該處聚餐。王石蓀臨時主席來邀參加，再演講，十時始散，歸寓。

4月26日　晴

晨起做動課。早餐後作書復李生昌明及陳果夫君。午後偕予妻同赴蘭兒新居參觀，較前空曠得多。歸寓後，暢卿兄極熱心又來談五三紀念表明真相事，結果先起草一腹稿，如介石同意即發表，然決不勉強。晚間赴市政府公餘社顧逸農君嫁女喜筵。

4月27日　晴

晨起做動課。早餐後文欽來談，又張之江君來晤，歷述對馮蔣間經過及最近馮之情形（馮復之江函中有「革命須澈底，不能妥協逆怨而友其人，予不願也」之語，似尚未能調解）。蕭繼榮（舊外部同人）來訪，正午岳軍來共午餐，并談五三紀念、國民會議及南北政情各節。午後偕予妻出訪汪翊唐、殷鑄夫兩家。

4月28日　晨雨後晴

晨起做動課。早餐後作書寄譚震歐、葉錫洛二人，又張樹聲、陳琢如二君同田揚來訪。傍午蔣伯誠君由濟南來談北部情形，留共午餐後別去。午後作書寄朱鼎青、李曉垣、趙叔雍三君，又張煥伯君來談彼素食已十四年，研究佛學信願俱堅。傍晚，趙叔雍君來談松江韓氏藏書出售事，亦係受寅村方面之託。寅村與予去歲

曾遇此事，今轉託金純孺、趙叔雍等，真是奇怪行為。

4月29日　雨

晨起做動課。早餐後作書寄徐佛蘇（為向乃祺所著《土地問題》一書紹介事）、夏守衷、金純孺三人，又顧少川君來談北平國際展覽晚會事。又呂習恆由安徽來談及敬輿家事，深為浩嘆。傍晚許修直、周亮才先後來晤。

4月30日　雨

【南服不靖之消息至】

晨起做動課。早餐後出訪熊天翼君，在伊處聞王亮疇、孫哲生辭職來滬，有不參加國民會議之說。同時報上已見廣東陳濟棠似已發動電請釋放胡展堂、李任潮，而沙面租界業已戒嚴等語，時局前途又將多事矣。復至中華、商務兩書館購《中國近百年史要》、《清史要略》、《俾斯麥》三書，順道至上海市銀行與聖禪商遊普陀、天潼日程，與逸農商電請北京某中醫為天翼治腿傷。傍午答訪張之江未遇而返。午後墨正來晤，又出訪趙叔雍，在伊處晤馮幼偉君。傍晚，文欽來報告劉芷香病危，并談及時局影響公債暴落。

5月1日　晴

晨起做動課。早餐後吳震修、葉錫洛二君先後來訪，又為金生國珍所著《中國財政》一書草序文一篇。午後熊天翼兄在電話中介紹黃賓（朱益智之參謀長）來見，因彼亦有胃下垂症，特來詢我上升復原之經過，予乃在北客廳中演床上運動一套教之而去。又文欽、修直、習恆諸君先後來晤，留共晚餐。

5月2日　晴

晨起做動課。早餐後，予妻忽患小腹痛，亟請金問淇醫生診視，處方服藥，並囑靜養。又程蓮士、湯德民先後來訪，程要求介紹入經濟委員會，予給與一函，令往審先見岳軍。湯要求赴暨大講演，予允於七月初下山時行之。傍午出訪李協和并至華安讌請留滬外交同人。午後朱鳳千君來談，藍軍恆由津來述敬輿家情形，甚堪悲也。

5月3日　晴

晨起做動課。早餐後作書寄程蓮士、梁子超、唐選宜、潘若飛、林烈敷諸人，又計仰先、袁文欽二君先後來訪。午後修直來談關於時局上彼在外之聞見。傍晚炎丈、和姨同來，又張公權君來談政治金融各情形。

5月4日　晴

晨起做動課。早餐後達齋、遠帆兩君先後來晤，又作書復岳軍、暢卿、金國珍三人（對約法請充實內容，

以防粵唱高調）。午後，作書寄天翼，告以醫生尋覓不
著，又吳挹清、章仲和兩公使先後來訪。傍晚，習恆帶
其女公子來，談半小時。又金問淇醫生來為予妻診視。

5月5日　雨

晨起做動課。早餐後出訪朱鳳千、周贊堯、蕭亮
功、廖敘疇四君，并順便視蘭兒。午後林百務來，指示
房屋修理辦法。又修直來晤，出示郭字鏡函，彼等慫
之，我姑閱之而已。

5月6日　陰悶

晨起做動課。早餐後在報端讀介石在國民會議開幕
時致詞，頗得體而可作參考，剪報留存之。又作書寄達
齋（託送金九如君之太夫人喪禮）、亞農二人。午後，
譚丹崖、何亞農二君來訪，又趙厚生、湯濟滄二人來談
修志館事。晚間，熊天翼君來告時局挽回內容。

5月7日　陰十時放晴

晨起做動課。早餐後，達齋來，託伊代寄照片與題
詞送交中央國術館張之江君。

5月8日　晴

晨起做動課。早餐後，出外訪仲和、雨農、挹清三
公使，僅晤挹清，餘均公出。又至先施購零件，中國銀
行訪震修而歸。午後周贊堯來談。

5 月 9 日　晴

晨起做動課。早餐後徐聖禪君來接洽朝普陀事，決
定十二日起行。又文欽來託辦雜事一、二件，又成衣匠
來定做夏季用馬褲一條。正午赴裘汾齡（鐵心）、曾雲
福（慶王）、沈其昌（懷仲）、王君所招之外部同人聚
餐會之讌。午後，仲勛、鹿君、炎之等來聚。

5 月 10 日　陰

晨起做動課。早餐後沈志萬來談，又作書復向北
翔、康選宜二人。午後習恆、炎之、仲勛、鹿君諸
君來敘。

5 月 11 日　雨

晨起做動課。早餐後作書復蔣伯誠君（彼來函謂
「敬之、湘汀諸君均集首都，切囑兄能蒞臨談聚，彼等
本欲來滬拜謁，因會議中不能分身」云云）。予謝其盛
意而緩卻之。又作書寄暢卿，賀其得機，能將數年抑鬱
之氣，儘情一吐（因古香芹君通電中，有涉及彼事，彼
乃臚舉事實經過，申請總檢查）。又復李生昌明一函，
又蘭兒攜芳甥孫女來晤，共午餐後別去。午後，偕文欽
同至溫泉浴室沐浴，又順道至先施、捷成購藥、購煙而
歸。晚間君怡來，交與四十五元，託往付金問淇醫生賬
後，為小真購赴杭車票之需。

5 月 12 日　晴

晨起做動課。早餐後達齋、仲勛來晤，又整理物

件，預備下午出發。午後四時，文欽來接，乃偕予妻至
新江天輪一號房赴甬，徐聖禪君已在船候，蓋此係聖禪
招待也。聖禪且約熟於甬情之吳鹿笙君同行（吳原籍安
徽，係故鎮海砲台統領吳吉人之子，即中法戰役砲擊法
艦，斃其水師提督之人也）。

5月13日　晴

昨夜小有風浪，本晨五時，即抵鎮海，匆促梳洗登
陸，寓鼓樓北大校場胡宅（聖禪賃此宅以居）。稍休憩
後，補習動課。午後往遊招寶山參觀威遠砲台，皆克虜
伯所製，砲係廿一生的口徑，計鎮海全部共有五台，
當年擊斃法國水師提督之砲，尚無恙也。惟歷年無人整
頓，聞零件有不全者，砲性記錄表等均已不存，現在政
府聘用法顧問甚多，似應進言請其一為整理。又至觀音
禪寺稍憩，寺之住持曰妙山，正在其寺前添築完全西式
之屋（鐵筋、洋灰、平頂），充肺病療養院之名，冀圖
利也，要塞區域內實不應有此也。遊畢，歸寓與文欽奕
象棋一度。

5月14日　晴

晨起做動課。早餐後收拾行李於七時半出發，八時
登小輪赴甬，到碼頭時，青甫兄嫂及王司令文瀚（問
涵）等均來接，即換乘汽車直至雪竇寺，沿途風景平突
不一，亦頗有出人意表之處。雪竇在約八、九百尺，上
面有一平原，四面高高低低，共繞九峰，即在寺中午
飯，聞介石來時常寓此屋。出山門後乘輪赴妙高臺（介

石新築）、千丈岩（觀瀑布飛雪聞為七十丈云）。即下山，仍乘汽車返甬，到甬後，寄寓江北岸謝君衡愓之宅，傍晚雨。

5月15日　晴

晨起做動課。早餐後八時出發至江東乘汽油船赴育王寺（是日聖禪得來電，運濟來同行）。十時一刻，船抵寶幢，由此改乘肩輿，抵寺後，即午餐。午後參觀舍利殿，并乘輿至老育王參觀慧達和尚墓，沿途風景極幽，墓地亦形勢好極。是晚在育王寺宿，與青甫、文欽、鹿笙諸人同一房，予與青甫聯床，回想幼年同學時景象，宛然如此，然已相隔足四十年矣（其時青甫十三歲，予十二歲也）。是晚予妻與青甫嫂同房。

5月16日　晴

晨起做動課（在育王寺前松柏林下）。早餐後乘輿經小白嶺至太白山麓（共二十五里）之天童寺，寺門前古松成林，竹枝葉茂，實兼南北之勝極。午前參觀天王殿（天王殿額，聞係佛筆）、法堂（堂內有黃克強先生手筆之額曰：「急公好義」之題敬安大和尚）、壁羅漢（石碑嵌於墻，為竹禪師手筆）、藏經樓等處。午後又乘輿遊玲瓏岩，係一種火層岩，形勢極活潑，確係名實相符。玲瓏岩上面有悟心洞、飛來峰、拜經台、觀音洞諸名勝。沿途小徑係周湘舲出資千五百元所築，故處處為莫干山然。見伊所題種種，聞再往上尋路而行，即達太白山頂，可以望海云，查《天童志》

所載，謂唐時有義興法師在此結篷，虔修既久，感太白星之靈，返老還童，供天神使役者多年，故名此山曰太白山，此地曰天童寺。

5月17日　陰傍晚雨

晨起做動課（在山門外松林下）。後乘輿赴塔峙嶴（共卅五里）。此地乃鎮海屬下一極鄉僻之山嶴，因徐聖禪君新築一「極高大之別邸於此」名曰塔峙圍，故往遊焉。至午前十一時到，聖禪夫人招待殷勤，連日在育王、天童皆素食，今午得雞肉魚蝦，同遊一行咸稱快樂。午後因僻壤之地無可遊覽（實則山泉甚好，松柏亦多），且天又陰雨相間，遂在宅梳洗及整理一切，又打牌數圈。

5月18日至19日　雨

晨起做動課。早餐後，終日談聚及打牌消遣而已。

5月20日　雨

晨起做動課。早餐後整理行裝，十一時出〔後缺〕。

5月21日

〔前缺〕理然，示否乎。歸途遊東湖、石峽甚奇突，為余從來所未見。是晚，歸寓金湯侯君宅。

5月22日　陰

晨起做動課。早餐後乘雇船雇轎往遊平陽寺，先乘

船至平水埠頭，船行二小時改乘山轎至寺，約行一點
四十分鐘，其寺規模極大，然多年失修，已頹廢不堪。
據云此寺鄰近嵊縣境，地方不靖，遊客甚少，故該寺無
人經營，相傳此寺為順治修行之處，康熙兩度南巡至
此，即為訪父之故。其藏經閣中塑像一尊，異常精肖，
其領口有龍或係順治之像，和藹從容頗肖趙□□先生。
在該寺午餐後，即遵原道而歸，順道至禹宮廟下參拜。
大禹陵規模整然，上有窆石亭，惟正殿已塌，禹王像亦
被毀，而旁立八大臣像尚在（即稷、益、皋、陶等是）
此後有機會當提倡募捐修理之，蓋中國歷史上真正有益
於民生者，莫過於大禹之治水事業，吾民族不應忘也。
是晚，仍寓金宅。

5 月 23 日　陰正午雨

　　晨起做動課。早餐後，偕青甫、文欽往訪姚曉澄
君，在其宅得晤其弟姚慧澄君，此君現任紹興煙酒公
賣局長，紹興推行全國，故稅款獨多。此君精明廉
潔，為青甫兄所特賞。乃相約共遊蘭亭，所謂崇山
峻嶺、茂林修竹，前句尚可領略，後句則受時代之影
響，林固不存，竹亦稀少矣。歸途順遊快閣，乃陸放
翁讀書處，此閣位十里河塘之口，即所謂山陰道上千
巖萬壑，應接不暇處也。歸至紹興姚氏昆仲及金湯侯
君作別，改乘汽車經蕭山（見沈劍侯君被刺紀念碑），
而渡錢塘江，江中風雨頗烈，亦足以點綴旅中風味。
到杭後，即乘汽車至青甫兄宅，而小真女已偕男女僕
人於二小時前到杭來會晤，是晚即寓青甫兄宅，晚間

出往沐浴，十一時歸，就寢。

5月24日　雨

晨起做動課。早餐後文欽來談至午，同至官巷口奎元館午餐。午後歸寓午睡一小時。是日本擬上莫干山，為雨所阻而未果。

5月25日　雨

晨起做動課。早餐後文欽來談半小時後別去，予作書寄君怡、岳軍、暢卿三人，報告遊程。午後無事，打牌消遣。

5月26日　晴

晨起做動課。早餐後雇車赴莫干山，青甫兄嫂同行。八時出發，十一時半抵山館，兩星期之旅行至此告一段落。午後張公安局長來訪，略詢山中近情，知管理局之徵收苛捐及腐敗情形，深可痛恨。午後，翻閱滬來舊報，并得湯爾和、金國珍、許修直諸君來信數件。

5月27日　晴

晨起做動課。早餐後勘察後山水池工程，又整理行裝及書籍半日。午後作書寄錢乙藜（取約法單印本）、呂習恆、張敬純、許修直、湯爾和諸君，又青甫兄來，同出至球場散步，後歸寓共晚餐而別。

5 月 28 日　晴

晨起做動課。早餐後，作書寄震修（附去中行原函，為抵押轉期事）、亞農、止觀、寶書諸人，又張公安局長來晤，鐵路飯店經理張雲蓀及郵政局長卓君亦同來訪。午後青甫兄來雜談，并至金家山散步歸，共晚餐後別去。

5 月 29 日　晴午後雨

晨起做動課。早餐後，作書寄聖禪、衡牖、曉澄、湯侯諸人，致旅中蒙款待之謝意，又作書復亮才（託代劉芷香君書〈像贊〉）、詠瞻。傍午湯爾和君由杭來訪，談及：（一）東省情形；（二）關於東省著作（《東省叢刊》共五集，商務書館出版）；（三）三次赴日情形（與幣原外相、楠陸相談話）；（四）北平外交團；（五）佛理。留共午餐後，三時別去下山，彼將於明年返北平也。午後與青甫兄雜談。

5 月 30 日　霧雨

晨起做動課。早餐後作書寄叔雍、震修、季鸞三君，并各附去〈勞働我觀〉演稿一篇，又作復修直、炎之、伯援三君。午後，與青甫兄雜談。

5 月 31 日　霧

晨起做動課。早餐後作書復周肇甫、金純孺二君、又付清僕役等工賬。午後張公安局長來，託帶舊著三冊送交庾村站長姜嘉生君。傍晚方□□謂時局糾

紛，情勢極為嚴重。

6月1日　晴

晨起做動課。是晨，雲海一片極為壯麗，而日出與雲海相映，尤覺奇觀。早餐後張靜江君來晤知：（一）粵方第一電係清君側；（二）第二電係擒王辦法；（三）實力頗厚，約槍九萬，只能在湘贛防禦取守勢；（四）共匪甚可慮，最近公秉藩、王金鈺等部失去四分三，匪已有槍五萬餘；（五）何敬之、劉經武等均主和；（六）老先生們已貌合神離。綜上以觀，介石前途固難樂觀，而國家前途萬一共匪養大，真不堪問矣。傍午別去。午後理髮師來理髮，又杭公安局督察長董錫祺來會未遇。傍晚與青甫雜談，彼勸我赴滬一行，與時局有關諸人相晤，或可有補於大局，惜糾紛至此，予亦屢索枯腸而不得解決腹案，姑再觀察數天以定行止。傍晚囑李有功帶筍尖一包至滬給與蘭兒。

6月2日　晴

晨起做動課。早餐後作書寄炎丈、君怡、張岳軍諸人（對岳軍函略供獻對時局應注意三點：（一）安定北部軍心；（二）緩和對日外交，免掣東省之肘；（三）維持金融，免搖動人心，破壞財政基礎。末更露欲赴甯一視介石，作友情上之安慰）。午後與青甫雜談。

6月3日　晴

晨起做動課。早餐後閱伍譯《俾斯麥》數十頁。傍午金九如君由杭來訪，留共午餐。是日，青甫兄定午後一時半下山返杭，故九如於飯後即乘青甫兄便車返杭，

蓋彼因丁母憂回杭，現喪事已畢，不久即須北返天津，回北票煤礦秘書原職，特來辭行也。傍晚，至後山察看游泳池工程。

6月4日　晴

晨起做動課。早餐後作書寄亮才（託批靜江八字）、暢卿二君。予妻作書寄顧少川夫人，謝其送來北平糖果。正午率妻女遊蔭山，并至鐵路飯店午餐。午後讀書一小時半，又出外散步。

6月5日　晴

晨起做動課。早餐後王有芳來託辦租屋事（為程遠帆轉託）。又陳希豪偕其夫人來訪，彼來已四日，將於午後下山，又隊長章鑑三、公安局長張幼山、電報局長陶印三、公路局聯運主任袁永年四人一同來談山上雜事，半小時後別去。又作書復張感塵，午後因心神稍覺不定，做靜坐默思功夫兩小時。

6月6日　霧陰

晨起做動課。早餐後李有功由滬返，帶到唐寶書君函，并附來71號山屋紅白契各一紙，託為過戶。又作書寄本山姚月卿、張雲蓀兩人，并作復函寄寶書。午後作書寄李石曾（北平）、潘馨航（天津）、錢乙藜、張鎔西、楊暢卿、許修直、黃伯樵、沈君怡共八函，各附去《勞動大學週刊》一紙，上有我之演稿〈勞動我觀〉一篇。傍晚開留聲機消遣約半小時。

6 月 7 日　雨霧

晨起做動課。早餐後得梁冠英之參謀長李源惠（慕僑，河北人，敬輿表親）來函通好，復之。又作書復葉錫洛，并寄書與聖禪（附去葉錫洛原函）。又復亞農一函。午後讀伍譯《俾斯麥》數十頁，此書譯筆不佳，且用白話文冗長而不核要，甚難得其要領，又靜坐半小時。

6 月 8 日　霧晴相間

【賦遊天童育王】

晨起做動課。早餐後張雲蓀君來訪，又督工在前園剪樹枝。午後天爽，在廊前成五律二首，蓋回想遊天童、育王時也，錄左：

〈遊天童〉

久耳天童勝，來遊甬水東。

寺前松有動，山頂石玲瓏。

洞裏清泉滴，林間雜樹叢。

湘舲題滿壁，疑在莫干中。

〈遊育王〉

阿育王朝物，何來甬水邊。

海天三萬里，今有兩千年。

舍利光如在，菩提信益堅。

夜來觀送聖，鑼鼓鬧山巔。

傍晚寄石曾、習恆快函各一件，為北平文化會加入習恆事。

6月9日　晴

晨起做動課。早餐後李有功來取工資，付二百元（前後共付六百元）。午後張幼山（公安分局長）來告瑣碎意見，竊嘆山上公家機關真是一蟹不如一蟹，而管理局員之年輕不懂事，究誰任之。又姚月卿來談，乃以唐寶書君所託辦「七十一號」屋過戶稅契之事，託并交墊洋二百八十元。是日晚間忽患腹痛，胸脹下痢至天明未止。

6月10日　陰傍午晴

晨起勉強做半動課，因昨晚病，頗感疲乏故也。早餐後作書復培福與亞農二人。午後在園中閑坐或緩步休息。

6月11日　陰晴相間西北風大作

晨起做動課。早餐後張幼山來辭行，彼已辭職下山返杭。又作書復許幼芝、黃約三、沈君怡二人。傍午李生昌明由杭來，要求介紹工作，并謂昨在新聞報見有予長蘇、力子長浙、楚傖調文官長之說，故亟亟奔來，青年在社會中無力立足，專事奔競，可嘆也。予告以並無此事而別。午後讀書一小時半，又為文欽兄之太夫人撰句題〈象贊〉一頁寄之，辭如下「懿歟賢母，積德累仁，義方教子，割股療親，周貧濟急，恤族敦鄰，徵為善之必昌，宜含笑以還津」（是日予妻有審紹十日遊，得懷古六首附夾入此頁）。

6月12日 晴

晨起做動課。早餐後作書復清甫、性靈、殷体揚三人，又讀書一小時。傍午張寓鋒由滬來帶到各友所送各種食品，彼已調任天津津浦路局辦公處第一科主任，故特來辭行。予作片為之介紹沈理源君（為津埠地屋事），留共午餐後別去。午後灌花運動。

6月13日 晴

晨起做動課。早餐後作書寄君怡、亮才、立孫三人，午後讀書兩小時。

6月14日 陰

晨起做動課。早餐後作書復金止觀（附去〈勞働我觀〉演講稿一份），又為文欽之母題訃告簽寄杭，又寄葉錫洛一函，將聖禪之函附去，又復金九如一函。傍午文欽偕其夫人由杭來訪，出示天翼、暢卿二君各致彼之函件，邀彼同赴江西擔任行營之政務委員兼自治處長，特來山與我商出處，予因剿共為國家存亡生死關頭，非一人做官問題，力勸其墨絰從戎，盡力去做，并告伊：（1）應訪求老練之縣長（易於招撫流亡者來歸）；（2）創辦感化院（令一部分被脅迫之青年有以自拔）；（3）發給臨時地契（并出示聲明經界如有錯誤，半年內可更正，否則半年後根據臨時契換正式照〔易於復農業〕）等項。彼於午後二時半起身下山返杭，將於十七日晚車赴甯應召。

6月15日　陰微霧

晨起做動課。早餐後理髮師來理髮，又作書復殷体揚、林子桐二人。午後讀書兩小時。

6月16日　陰微霧

晨起做動課。早餐後作書復何生廷述，及朱炎之、張幼山、許修直三人。午後讀書兩小時。傍晚得岳軍由滬發來專電，報告時局概況。

6月17日　霧

【致介石函四年來第一次】

晨起做動課。早餐後作書復亮才、國藥、性靈、岳軍（并附轉交介石一函，謝其送來《自反錄》、《俾斯麥》各一冊，彼之《自反錄》中有甲子年予攝政時，彼給我之一電一函）五人。午後補作復暢卿書，亦附岳軍函內寄出，致介石與岳軍函稿均附後：

（一）致介石書

介弟主席勛鑒，昨晨得暢卿兄函謂，奉命代寄《自反錄》、《俾斯麥》書各一冊，已另包付郵等語。吾弟於軍政要務叢集之時，而念及此，甚感甚感。現在書包尚未寄到，故對於《自反錄》一書尚未得窺全豹，惟聞其中列有甲子冬，兄在北平攝政時，吾弟託精衛轉兄之一函一電原稿，回想當年萬感交集，「國家興衰、民族存亡」之一副重擔至不易挑，吾弟魄力、毅力遠過於兄，然獨肩鉅任，各方又不相諒，事故頻仍，近日憂勞當更可想。撫今思昔，不能不以當年之自憐者憐弟也。

惟此次中央所定方針與步驟，至為高妙，對表既十分光明，對裏又十分穩當，居於和戰咸宜之地位，天相中國，當可有成。最要之點，到贛後，萬不可急進，應師曾文正腳踏實地、步步為營之辦法。軍事以後，繼以政治，方可一勞永逸。蓋中央今日之情勢，可以日日大勝，而不可以一日小挫也。至兄愚見所及之處，已先後有兩函詳告岳弟，託伊轉陳，希接洽為幸。又俾斯麥一書，前在滬已購得一本，近日已經讀過，該書譯文係用白話體，而又照原文直譯，似稍減色。專佈鳴謝。順頌政閣。兄郛頓。

【致岳軍函對剿匪問題有所陳述】

（二）致岳軍書

岳軍如晤，銑電奉悉。茲有致介弟與暢兄各一函，盼為帶京轉交。弟對東省與四川兩種運用，俾益大局實匪淺尠，感佩感佩。粵事起後，兄雖蟄居山中，然每斗室傍徨，焦思辦法，欲為弟等芻蕘之獻，幸中央既在所取步驟至為穩妥，對大局觀察，但能注意前函所陳三點（安定北部、緩和外交、維持金融），當可無野火燎原之虞。惟對剿匪，本問題觀察尚有愚見數點，欲為吾弟一陳之，并盼轉告介弟參考為幸：（一）宜訪求老成穩練之縣長，蓋縣長良，則流亡易於歸集，死灰不致復燃。憲政時期，總理規定縣長民選，然現在不妨通融，不必取民選方式，卻應訪求民間聲望較好之人任命之，能本縣人最好，否則鄰縣人亦可借用，蓋如此辦法，地方之正當紳士與新任縣長，平素有相知之雅，可以安心遷回，輔佐縣長耳目之所不及。（二）宜禁止打倒土豪

劣紳標語。蓋真土真劣者未必打倒，而正當紳士均畏而
他徙，故共黨襲來如入無人之境矣。中國地方政治向未
達官治之域，全仗官紳合作，為半官治、半自治式之政
治，此則不可不知者也。（三）宜設立感化機關，對於
地方青年如有脅從或自動，尚未明瞭其性質者，暫為收
容之，勿遽用重典以裹來歸者之足，并可使縣長與紳
士，易與地方人週旋而敢於任事矣。（四）保甲團練等
之武器，常有為盜齎糧之可能，應將全省劃為東、南、
西、北、中五區，每區由行營物色贛籍純正軍人，派充
指導員或教練官，團練經費地方自籌，教練經費行營給
與，庶幾一經訓練，有事時可增進自衛力，無事時則所
派之教練可充政府耳目。以上所陳，不過舉思慮所及言
之而已，聞此次行營組織非常完備，當更有較詳較高之
辦法也。匆匆佈覆，順頌大安。兄郛頓。

6月18日　霧

　　晨起做動課。早餐後讀王世杰著〈職業代表主義與
經濟立法〉論文，又作書寄乙藜（寄還季刊一冊）、寄
公權（送伊《俾斯麥》一本）。午後讀介石寄來之《自
反錄》，深覺其血性有餘，我見太重。

6月19日　雨

　　晨起做動課。早餐後讀書一小時半。

6月20日　雨霧

　　晨起做動課。早餐後草演說稿（為下月七日上海市

政府新屋奠基典禮用）。是日為陰歷端午節，王有芳送
禮來，收美國橘子兩打，餘璧謝。傍午舊護兵勞曾貴由
杭來，帶到火腿、黃魚、水菓、綠豆糕等來賀節，彼離
我兩年餘，每過節必遠道來山，一片至誠，頗可感也，
留伊在宅午餐後，三時半別去，下山返杭。

6 月 21 日　晴

晨起做動課。早餐後率真兒同往療養院為伊請診
（咳嗽），張醫生謂受涼扁桃腺炎，乃處方購藥而歸。
午後至後山查勘游泳池工程，在更衣亭流覽半小時。

6 月 22 日　晴

晨起做動課。早餐後作書復炎之、厚生、亮才、岳
軍四人，又作書寄呂咨恆、姚月卿、李石曾、莊雨岩四
人。午後稍覺腹內不適，除在庭園散步外，未作事。

6 月 23 日　晴

晨起做動課。是日為陰歷五月初八日，即予母弟卅
三週年忌辰，予命全家素食，并命真兒採鮮花供祭。又
作書寄徐鹿君、周亮才二人。又是日李書俠來函，有
「幾日不就黃叔度，一生最慕白香山」兩句，可謂極書
生之恭維人之能事矣。午後寄書青甫託購衣料，將以贈
岳弟之太夫人及岳母老太太也。

6 月 24 日　晴

晨起做動課。早餐後作書復徐佛蘇、張岳軍、葛湛

侯三人。傍午率妻女至鐵路飯店午餐。午後舊廿三師炮
團營長黃在申由杭來訪，予作函令持往滬見岳軍。

6月25日　晴

晨起做動課。早餐後作書復許靜芝、錢乙黎（許升
行政院政務處長，錢升教部常務次長，均有函來報告，
故復函勉勵焉）、朱達齋、葛仲勛、康選宜五人。午後
汪大姊（予母在日，曾在杭蕭王衖與汪老太太同居，
汪大姊者即此老太太之女也，予母即易簀於汪宅者）來
山，為其孫趙乃昌求事，予礙難幫助，然因一年近六旬
之婦人，又不能不留宿焉。

6月26日　晴

晨起做動課。早餐後回訪鄧樂（雨人，廣東）君未
晤。又作書寄君怡，附去演稿一篇，囑伊用中國打字
機，豫先打好數份，以便七月七日演講後，即可分發各
報。又作書寄暢卿，告以簡宅山屋可以出買（彼曾託我
留心山屋，欲為譚禮庭君購置也）。午後作書寄唐寶書
君，附去彼託辦之新契、老契各一，保戶執一紙，房捐
收據一紙，經手人賬單一紙，共五件。又作書寄顧逸
農，附去興業銀行抵押品收條一紙，託代轉期。

6月27日　晴

晨起做動課。早餐後汪大姊下山返杭。又作書復喬
生耀漢、馮君若飛二人（馮函來告亦雲夫人之師，川人
董水鵠先生長逝，有身後蕭條，不忍卒覩等語，故附去

奠儀貳佰元）。又作書告君怡、佩福二人，已決定於下
月二號返滬，請接洽。午後在新築之游泳池初試濯足。

6 月 28 日　晴

　　晨起做動課。早餐後作書寄青甫，告以返滬日期。
又讀滬來小冊讀物兩小時。午後因責備鄰居僕役，又失
自檢，以後應痛自針砭，時時注意為要。嗚呼！修養之
難也。

6 月 29 日　晴

　　晨起做動課。早餐後作書復唐企林。傍午李有功來
結清本年工賬，找伊洋262 元。又保安隊第二團長王治
岐（鳳山，甘肅人，黃埔第一期生，現年卅二）由湖州
來山，章隊長鑑三引導來談約半小時別去。午後讀《旅
行雜誌》一冊（修直寄來，內有〈遊莫干山記〉及美國
商務參贊安諾特氏之〈遊客貿易論〉，均有可觀）。晚
間戴濟民縣長來談，廊下明月涼風，頗覺有趣。

6 月 30 日　晴

　　晨起做動課。早餐後，發給僕役工資，又整理文
件，預備赴滬之用。午後作書復黃仲蘇君。

7月1日　大風雨

晨起做動課。早餐後讀修直寄來《張敬輿君行狀》一冊，大部份係西北軍大頭目具名文章，不倫紀事亦稍失實，適足以減敬輿之真價值也。讀畢，整理行裝。午後作書復同學王炳日（號朗如，諸暨人，憶為幼時普濟或同善同學），因彼世兄王壽民新近來山，任警察隊長，來函紹介故也。

7月2日　晴

晨起做動課。早餐後六時起身下山返滬。午後二時到站，岳軍、君怡及伯樵夫婦來接，抵寓後，與岳軍談一小時，知大局與市府改組情形，又亮才、劍塵、烈敷、炎之等先後來。

7月3日　晴

晨起督飭僕役灑掃，予不在家，彼等難免怠隋，且因昨夜電燈滅，床墊熱，蚊子多，予妻大半夜未睡，人極疲乏，故未做動課。早餐後君怡來談，又理髮師來理髮，午後修直、達齋、季實、傑才諸人先後來訪。

7月4日　陰

晨起做動課。早餐後偕予妻出至岳軍宅，初次謁見岳弟之太夫人，是日為陰歷五月十九日，適為岳軍之岳母馬太夫人誕辰，故又為馬太夫人壽，并順道訪徐聖禪君於其寓址。午後修直、震修、炎之諸人先後來談。

7月5日　雨

晨起做動課。早餐後接到潘馨航君寄來張宗昌部之《百忍堂仿唐開成石壁板十二經》一部，計十四函，字大而楚，精緻異常，真是見所未見，張宗昌一生行事，惟此實足嘉尚，當即作書復馨航道謝。又作書復殷体揚、何廷述二人。正午赴大來飯店唐寶書君之約。午後孔廉白、金純孺諸人先後來訪。晚間炎丈、和姨來共晚餐。

7月6日　雨

晨起做動課。早餐後派車往接蘭兒帶三外孫女來共午餐。午後坂西來談。晚間岳軍夫婦來訪。

7月7日　晴

晨起做動課。早餐後公權來晤。九時，同車赴江灣出席市政府奠基典禮，予演說畢，即先歸寓，蓋所以避客也。午後蘭兒來，又伯樵、君怡、修直等先後來晤。晚間岳軍來雜談（下午徐季實來商改造屋頂事）。

7月8日　晴

晨起做動課。早餐後九時出發赴車站乘車返莫干山。午後五時到山，車中與蔣雨岩君相晤，彼亦攜眷屬赴山避暑。

7月9日　雨

晨起做動課。早餐後出訪青甫兄，又至大華飯店訪

蔣雨岩君，在該處偶遇陳禮卿、葛仲勛二人，未幾偕雨
岩及其眷同至予寓談敍，并留共午餐。午後三時別去。
傍晚青甫兄嫂來回訪，談一小時別去。

7月10日　晴

　　晨起做動課。早餐後出訪炎丈、和姨，彼等於昨晚
到山，略談即歸，作書寄文欽、儀祉、子青、贊堯四君
（贊堯寄來摺扇一柄，書畫均佳作，書謝之）。午後炎
丈、和姨來答訪。

7月11日　霧

　　晨起做動課。早餐康生選宜來訪，康去後，蔣公使
雨岩來談彼使德任內對俄交涉之經過，言時頗為憤慨，
因談話過長，留其午餐，午後三時別去。傍晚炎丈、和
姨及青甫兄嫂均來敍，共晚餐後始散。

7月12日　雨

【漢之君《周易象理證》】

　　晨起做動課。早餐後翻閱張漢之君所著《周易象理
證》兩冊（此書予曾作一序文與之）。午後青甫、炎丈
來談敍。

7月13日　雨

　　晨起做動課。早餐後作書寄君怡、雲蓀二人，又發
請柬三份，擬於十七日正午請朱老太太（即請炎丈、和
姨并葛仲勛姻丈夫婦、青甫兄嫂及其媳作陪）。廿一日

正午請金湯侯、張煊初、王曉籟諸人，請青甫作陪。傍午仲勛姻丈來晤，共午餐，午後四時別去。

7月14日　霧

晨起做動課。早餐後雨岩來辭行，蓋彼已得外部公函，將赴歐出席國際聯盟會議也。又管理局員朱國珍來收房捐四十八元，駐上橫排長章以翔來訪。午後偕景英、小真同至蔭山大華飯店，送雨岩行，并順道訪張雨樵君。是日知大華之曹經理及錦澤甥之內兄。（中午姪女婿程星恆由杭來訪，要求介紹許靜芝，當日返杭）。

7月15日　霧

晨起做動課。早餐後作書郭延謨、張寓鋒、亮才、君怡、靜芝諸人。午後青甫、炎之來敘。傍晚青甫嫂、和姨亦來，遂共晚餐。餐後，談半小時別去。

7月16日　晨雨九時後陰晴相間

晨起做動課。早餐後理髮師來理髮、又潘履園君來訪，以陸仲芳事相託，午後在新游泳池初試游泳，同時教真女及懿大、西牧、溫克、安石等游水。

7月17日　晴

晨起做動課。早餐後拍蠅捉蟲，正午在宅讌客，計有朱老太太、炎丈、和姨、青甫兄嫂及其媳、仲勛姻丈夫婦及鹿君諸人。餐畢，併在宅盤桓半日，傍晚始散。

7月18日　晴

晨起做動課。早餐後得亮才篠電，知石孫已發動，然則北風已緊，時局又加一層紛糾矣。又作書復曾國珍、沈昌、叔汀三哥，晚青甫、炎丈、和姨等來談，并共晚餐。

7月19日　晴

【王小徐著《佛法之科學的說明》】

晨起做動課。早餐後讀王小徐著《佛法之科學的說明》一冊。傍午炎丈來辭行，蓋彼將於本日午後赴滬銷假視事也。午後偕諸小孩在後山繼續學習游泳。

7月20日　晴

晨起做動課。早餐後讀書二小時。午後學習游泳，予妻亦同練習，然因心臟稍弱，出水即嘔。

7月21日　風霧

晨起做動課。早餐後豫備讌客，計男賓有張暄初、金湯侯、王曉籟、王藐達（曉籟之兄）、裴雲卿、胡照生、熊凌霄、田福瑞、張伯岐、徐青甫拾人，席設本宅。又女賓客金湯侯夫人及其女、王曉籟夫人及其二女，共五人，由青甫嫂與內子同作東公讌，席設徐宅，午後二時半散。

7月22日　霧雨

晨起做動課。早餐後，作書復洪曼聆、黃擯塵、袁

文欽三人。午後，溫習太極拳劍，年餘未舞，頗感不能
連續之苦。

7 月 23 日　霧雨

晨起做動課。早餐後翻閱連日所積各函件，約二小
時半。如禹陵修理募捐啟（金湯侯交來），如剿匪區域
內適用之各種保甲、團練、招撫流亡各種條例（袁文欽
寄來）。午後偕妻女至青甫兄宅雜談，傍晚始歸。

7 月 24 日　霧雨

【寄岳軍函，對於懲軍閥、保和平有所主張】

晨起做動課。早餐後作書復周亮才君、吳震修君
（附去「還洋 100 元」），又康選宜君來訪，談避暑會
來請往會演說事，予允考慮後再復。

傍午君怡夫婦由滬到山，談滬市府發放地畝及最
近時局內幕情形。午後偕君怡等出訪青甫及和姨，傍
晚歸。

7 月 25 日　霧雨

晨起做動課。早餐後與君怡雜談國事，對日、俄
兩國之無國策及忽略西北等等，相與太息者久之。又
作書許君修直，午後聽蓄音機消遣。晚餐後打紙牌 five
hundred。

7 月 26 日　霧雨

晨起做動課。早餐後讀書兩小時。午後和姨來晤談

幼童運動會事。

7月27日　晴午後四時大風雨

晨起做動課。早餐後雇轎五乘，偕予妻、真兒、和
姨、君怡夫婦等，同往訪仲勛姻丈，并邀仲勛、鹿君
等，又同至鐵路飯店午餐。餐畢，復順道訪唐寶書君，
參觀其七十一號屋內之水道新設備，歸寓後大雨，傍晚
始停（是日在鐵路飯店遇林士模君，知山下大水情形、
交通已阻）。

7月28日　晴

晨起做動課。早餐後葉揆初君來訪，談未散，青甫
兄亦來，未幾，張靜江君又來，揆初、青甫等別去，靜
江談石曾、子民、稚暉、溥泉等對調停粵事意見甚詳，
傍午別去（書年、以翔來，因有客未見）。午後在後
山看君怡等游泳，青甫亦率其兩孫啟予、啟超來學習游
泳，惟啟予膽太小，啟超年太小，故教授頗費力也。晚
間又大雨。

7月29日　晴

晨起做動課。早餐後君怡出遊劍池，予整理賬目。
午後先在游泳池看君怡教授小孩等游泳，又在前廊打廊
球兩盤。晚間在四望亭看月出，頗奇麗。

7月30日　晴

晨起做動課。早餐後理髮師來理髮。是晨得岳軍復

函，知予前述意見（對和平永保之意見），本日滬上有市民大會，將借是會有所表示云。午後在東平場豫備為次日開運動會之設備，又武康第三區區長方玉瑚（安吉人）偕張競心（遞舖張義武之曾孫，張維友之子，北京財專畢業，曾充國術館館員）攜其父維友之函，由杭來訪求事，談半小時別去。

7月31日　晴

晨起做動課。早餐後出訪青甫，託轉邀陳萊卿來參加本日午後之運動會，又訪張靜江談一小時，訪陳裕光談農科特班意見，約半小時歸寓午餐。午後三時開運動會（又名親友同樂會），參加者有和姨帶其子女（懿達、西牧、溫克、安石）、青甫兄嫂帶其媳珊如及孫（啟予、啟生、啟華、啟超）、鹿君帶仲勛丈之子（濟、小官、小毛）、陳萊卿君夫婦帶其子姪（勤華、笛華、小同、圓之、仁素）、君怡夫婦，及予夫婦及小真女。運動節目為開會（對國旗行三鞠躬禮）、游泳競賽、拋球、穿針競走、捉蛋競走、拾薯競走、蒙眼吹燈、蒙眼貼「兔」眼尾、唱歌、打更、乘法算術競走、香刺「山」字、點燭競走、腳踏車比賽、打廊球、吃餅乾比賽、吃吊蘋菓等，運動畢，各給紀念品（男女老幼皆有），并餉以冰其淋及茶點而別。

8月1日　晴

晨起做動課。早餐後結算上月各種店賬，及發上月薪工，又鄭木匠來授以圖標，囑做洗面櫃。午後整理公事函件櫃，因連日霧雨，發篋曝之（是日予妻為我做燕窩粉一料半）。

8月2日　晴

晨起做動課。早餐後李有功來，囑伊修理漏水之處，及修驗水管。又作書寄岳軍（託送子文之母喪禮）、性靈、季爽、炎之四人。午後與君怡談上海越界築路問題，因彼本日得通知，已被派充為談判委員之一，故不能不有所討論也。

8月3日　晴

晨起做動課。早餐後與君怡雜談民元、民二、民五之經過，碌碌二十餘年，不知所為何事，真有往事不堪回道之痛。午後在後山練習游泳，予及予妻均稍有進步。四時半，步行至塔山公園（本年第一次到），應青甫、萊卿二君之招，在山頂野食。是日天氣頗熱，故中外人士在塔山野食者約有四、五組之多，青甫、萊卿二人所組織之一組，合男女老小共二十八客，七時下山返寓。

8月4日　晴

【對時局忠告】

晨起做動課。早餐後高銅匠來修理水管，水勢尚

盛，既送廚房計畫，可以實施。又公安王局長來面遞伊
父復我之函，又程蓮士君由京來訪，談經濟委員會組織
之內容，傍午別去。午後練習游泳。晚間與君怡談，託
其轉致岳軍三點，請其注意：（一）軍事，去冬對西北
戰終了，人以為必可有一、二年之小康，不料不及數月
而粵事、而匪患、而石變相繼而起，故此次軍事之後，
人民已不如去年之興高望殷；（二）政治，去冬蔣在前
方通電赦政治犯、開國民會議、製定約法，人民以為軍
事牽掣既去，政府方至誠以謀政治之改革，導入民主的
政治，乃事實所謂民會與約法成績如此，人民不免失
望。今則民會不能再召集，故人民對政治之希望，不如
去冬之濃厚；（三）社會經濟，去冬戰事了後，適值全
國告大豐收，米價驟平，人民以為從此天時人事均趨坦
境，安居樂業之心漸起。今則霪雨為災，全國水患，秋
收無望，社會險象必較去年為盛。綜上所述，國家前途
實無一能使人樂觀，且對外始終未立國策，對日則萬鮮
案未決，對英又惹起韜朋案，對俄則仍游移傍徨，而廣
東方面卻有鮑樂廷、加倫等已到廣州之消息，陳友仁又
親赴日本與其外交部及參謀部連日週旋，實至可慮也。
故請岳軍（岳今日已為中央委員，亦應負此責）轉告中
央諸要人，勿因小勝而又興高采烈，專唱高調、粉飾太
平為也。

8 月 5 日　晴

晨起做動課。早餐後六時君怡起程下山返滬。

8月6日　晴

　　晨起做動課。早餐後讀書一小時。午後在後山練習游泳。傍晚李曉垣兄由北平到山，留寓予宅。曉垣此次歷遊青島勞山、濟南泰山、曲阜等處，故對東北海軍及北部情形聞見頗多。

8月7日　晴

　　晨起做動課。早餐後，出訪潘履園、葉遠初兩君，十一時歸寓。程蓮士、葛仲勛兩君先後來訪，共午餐後別去。午後偕曉垣等在後山練習游泳，傍晚又偕訪青甫，談教育問題，青甫痛感平民之不得教育機會，回想幼時貧苦攻讀之經過，憤慨至於下淚。

8月8日　陰

　　晨起做動課（是日和姨帶三小孩赴滬）。早餐後張靜江君來訪，攜來「普天球」代批八字一份，又張雨樵君來晤。傍午仲勛擅約鹿君、蓮士二人來寓午餐，值至午後四時別去。晚間管理局長戴時熙偕其姪堅勳（西京帝大政治科畢業，現充南京軍校教授）來訪，并約次日到局晚餐。

8月9日　晴

　　晨起做動課。早餐後作書復伯樵、亮才二人。午後讀書一小時半。傍晚赴管理局長應戴局長招讌，同座有顧壽伯、鄭心南、戴堅勳、卓秘書諸人，八時半回寓。

8月10日　霧

晨起做動課。早餐後作書寄修直（附去名片一枚，託代向重光道賀，因彼新任命為日本駐中國公使）。敏外孫女、岳軍、殷体揚諸人。午後，與曉垣在前廊打庭球運動。

8月11日　霧

晨起做動課。早餐後讀書一小時半。傍午叔汀三哥由杭來報，謂嘉興大水，予家祠堂房屋入水，墻基動搖，樹木亦大半浸死，亟待修理，乃商定請三哥前往親自督工修理。

8月12日　陰霧

【李圓淨《佛法導論》】

晨起做動課。早餐後理髮師來理髮，又讀書一小時，讀完李圓淨著《佛法導論》一冊。午後與曉垣雜談。

8月13日　晴

晨起做動課。早餐後偕曉垣出外散步，至怪石角遊覽（黃人望來，因出外未遇）。

8月14日　晴

晨起做動課。早餐後顧壽伯、鄭心南二人同來訪談，約半小時別去。又作書寄岳軍、伯樵、君怡、雲蓀四人。午後，張嘯林來懇代募賑濟水災捐，并聞彼將在

山築室云，又青甫兄來談一小時。

8月15日　晴

　　晨起做動課。早餐後外出答訪黃百新君，彼新辭去
嵊縣縣長職，談嵊縣內容甚詳，此種世界真是書生夢想
所不及。傍午歸寓，午後，與曉垣擲球運動。

8月16日　晴

　　晨起做動課。早餐後出外訪履園，談山中自治組織
及賑濟水災事，又訪周湘舲未遇，留片而返。途中遇潘
鑑宗君，邀至寓略談近年經過，約半小時別去。又唐寶
書君來訪。午後偕曉垣出訪顧壽伯、鄭心南、張雨樵三
君，傍晚歸。

8月17日　陰

　　晨起做動課。早餐後出訪張靜江君籌募水災賑款，
又偕予妻訪陳萊卿君夫婦，并順道至鐵路飯店午餐，同
席有曉垣、安石、小真。午後歸寓，順便答訪唐寶書君
夫婦，又至菜根香飯店答訪張嘯林，繳還彼前日託我代
募之水災捐冊一本，計募得（葉逵初貳百元，陳叔辛、
葛仲勛、徐鹿君、陳禮卿、陳萊青各五十元，蔣抑卮、
潘履園、徐青甫各壹百元，張靜江、黃郛各貳百元，共
1150元）。但張不在寓，留交彼之書記許君，又順便
答訪潘鑑宗，亦不在寓，留片而返。

8 月 18 日　晴

　　晨起做動課。早餐後庾村站長姜嘉生來訪，謂已辭職，擬往滬另覓工作，并稱與滬市社會局長潘公展係幼年同學，囑再附一函紹介，乃書一普通函與之。又康生選宜來晤，商定對避暑會邀請出席講演事，由彼設法婉辭謝絕，午後讀書一小時。

8 月 19 日　晴

　　晨起做動課。早餐後戴局長來報告昨晚七時，山上駐兵與巡警局尋釁，全社會之幼稚病真是無人能醫，可嘆。又作書復何亞農、張國藥、蘇紹文三人。午後與曉垣作擲球運動。晚間王警察長來報告衝突經過，及目下調解情形，予力勸其持重而去。

8 月 20 日　晴

　　晨起做動課。早餐後葉逢初偕劉厚生來訪，談石友三部變叛經過。又張雨樵來訪（蕭叔宣來訪，因客多，被閽者擋駕未遇）。午後讀書一小時。

8 月 21 日　晴

　　晨起做動課。早餐後唐寶書君來述向施省之購地情形，稍有糾轕，託代善後。又蕭叔宣（閩人，陸大，留日，舊郭松齡關係）來談軍事教育。午後呂習恆君來滬來訪，除雜談北方最近情形及遊覽山館前後山風景外，又請其在白雲山館苔芩集上題詩一首，共晚餐後別去。

8月22日　晴

晨起做動課。早餐後作書復嵩壽姪及伯樵，又作書寄震修，附去支票貳百元，託代繳水災賑捐，又作書復藍軍恆，亦附去支票貳百元作個人津貼（彼家居九江，亦因水災避難上海，復又染病，故聊盡棉薄以助之）。午後作書寄岳軍（附去張季鸞函，為紹介國貨事）。又青甫偕陳禮卿來訪，談水災及江西土地善後問題，主張禁止洞庭湖築圍耕種，及採用洪楊時招客民領地辦法，以為贛省善後之謀。

8月23日　晴

晨起做動課。早餐後理髮師來理髮。午後戴局長偕武康商會會長錢選號萬青（即簰樓鎮錢炳臣之姪）來訪，囑為武康水災籌賑，并要求紹介陳藹士君，除接受捐冊一本外，復書一片與藹士以紹介之。

8月24日　晴

晨起做動課。早餐後作書復張季鸞、岑有常二人，又康選宜來談。午後風雨，讀金剛經、心經各一遍，曉垣兄為我講「無無明，亦無無明盡，乃至無老死，亦無老死盡」四句極為詳盡。

8月25日　風雨

晨起做動課。早餐後因得青甫之甥俞鴻志函，對於財物有所要求，乃持函訪青甫，談一小時歸。午後青甫兄又來，邀往打牌八圈。傍晚起暴風雨，徹夜未

息，予臥室四圍悉漏水，是夜因五次起床傾水，予與
予妻均未睡。

8月26日　風雨仍未停午後放晴

晨起亟傾水，未做動課。早餐後作書復金純孺、張
岳軍二人。午後張雨樵帶杭州紫陽山腳寶成寺和尚顯開
來募捐，又補做動課。

8月27日　晴

晨起做動課。早餐後，李、鄭兩工匠來說定廚房改
造及修補漏水。傍晚，至塔山野食，觀日落與月出，蓋
是日為陰歷七月十四日，日西落、月東出，在空中活現
一「明」字，頗有可以領悟之處。

8月28日　晴

【致介石電：對水災匪災善後意見】

昨晚夜間未能酣睡，半夜醒來，念佛迴向予母，三
時半起床，月明如晝，在月下做動課，七時歸寓早餐。
早餐後作書寄岳軍，附去電稿一紙，託代拍致介石主
席，電稿錄後，并附去致公權函一件，託伊照電稿在輿
論方面用力，又復君怡、伯樵、敬純、季實函各一件。
午後姚月卿送本年糧串來。傍晚于小姐送其自作之山水
畫來，予妻留共晚餐。

附致介石電稿（寄滬拍發）

南昌蔣主席勛鑒，密。此次沿江水災亙古罕見，固
由本年雨量過多所致，而舊時蓄水湖面減小亦其要因。

古稱五湖接近於江者四，今僅有洞庭、鄱陽二湖。鄱陽沿邊侵削，面積日縮，洞庭大段圍田，所餘無幾，長江蓄水之湖不啻四去其三，襄河各處亦多築圩成田，例如樊口附近，當蕭耀南時代，在漢口寓公之將軍團，朋比為奸，領地築圩，侵佔水面尤甚，上游容量既少，下游擁漲成災，勢所必至，目前賑務固宜急辦，將來禍患亦應豫防。根本疏浚須由專家計畫，而治標之策應飭沿江各省政府詳查湖水舊日面界，現被侵削若干。此次被水沖毀圩田如係近六十年內築圩成田者，應即除糧廢田，浚復蓄水，不許再事修築，嚴禁與水爭利，或可稍紓水害。且少數人貪一時之利，多數人受無窮之害，尤為政府所必須干涉之事。若在平時，彼輩築圩築圍亦投有相當資本，恐不易禁逛，此災民遍野，圩圍盡倒之時，彼輩決不敢反對，政府一舉而禁絕之，實為一大仁政，此為減免將來水災計，願供吾弟之參考者一也。此次水災教訓，可知治水專業非合黃、淮、江、湖而統籌之不可。上古禹疏九河，八年收功，此其明證。此次沿江水災特重，原因一由支流各水齊漲，二由蓄水湖面縮小，三由淮水經運河南沖入江，阻斷江流，四由適值潮汛，海潮上漲，下游入海之流不暢，愚意要不不外此，故鎮江以下水害較淺。吾儕既經此教訓，從前談導淮者，對於高郵、寶應、邵伯諸湖，每有涸田之議，對於淮水引導又有入海入江之爭，且因入海工程較難，故贊成導淮入江者反居多數，似宜重加變通，一面維持諸湖舊觀，一面雖主張江海並疏，而先從入海著手，以策萬全。此為導淮設計，計願供吾弟之參考者二也。贛、鄂各省，

經匪蹂躪之處，民多流亡，田地荒蕪，籌辦善後，聞甚為難。促民歸田，實屬當務之急。揣人民不歸之由，有懷疑匪未肅清者，有乏歸資而不歸者，有在他處已建家立業者，然其多數恐因故鄉無產可戀、無業可營，而不歸耳。蓋赤匪所到之處，首先燬屋焚契，使有產者均成無產，方可遂其脅迫煽惑之謀，為抵制計畫，反其道而行之，務使地各有主、人各有產，似可由贛、鄂省政府將前被匪擾，現已肅清各縣區之善後辦法，知照全國各省，請其出示公告，一面廣登各報，其辦法如下：勸令各該縣人民流亡在外者，速各回鄉清理己產，並令曾經匪擾各縣政府清理土地冊籍，重發新照，除縣署徵冊尚存，有可依據辦理者，即憑舊冊辦理給照外，如文冊蕩然毫無可據者，將全縣土地分別城鄉，都圖與從新挨坵編號列冊，查丈畝分備發新照，由人民認領。凡人民持有舊契證，呈明坐落，來認回管業者，即核對新編字號，發給新照，並於原契證上加蓋發給新照字號年月，以資查考。如契已燬失者，但有相當保證，指認其地在何字號，亦可發給暫時管業憑證，此憑證經過一年，如另無爭執發生，即可繳換正式新照，一切概不收費，惟業主認領地產限定以若干月為期，過期不領，概由官廳招人承種，并說明此承種人不限定省籍，其佃租從輕，約當田賦之倍，承種年限三年，在此期間，舊業主仍可持舊契向官廳認回，請領新照，但須承認佃約，在承種期內，亦可照約收租，不得撤佃，必待期滿方可收回自種，或另議租約。如承種期滿，無業主認領之地，該佃農即可繳價認領，其地價從輕，約當三年之租，以後土

地管業概以新照為憑，舊契一律無效，如此則凡有產之人，不得不急歸認領己產，即無產佃農，其領種之地亦與己產相差無幾，亦各自愛其產，有恆產者有恆心，一切善後事務自易著手，且各經匪擾區域人民死亡甚多，地必有餘，本年水災沖毀及應廢湖田又甚多，民亦有餘。此種遷民實地辦法，洪楊以後江、浙各省行之，極收成效。今日浙西一帶農民，多半客籍，職是故耳。當此匪災、水災層出之時，如利用鄰省、鄰縣被水區域有餘之民，以實被匪區域有餘之地，實屬兩有裨益，此關於匪區善後計，願供吾弟之參考者三也。山中偶想及此，是否與事實全合，未敢武斷，惟事關國家治亂，不敢不陳明，知南昌軍次繁忙，乃以此專文相擾，罪甚罪甚。黃郛叩。

8月29日　晴

晨起做動課。早餐後章連長來報告日前軍警衝突事，已懲辦一班長而解決，又赴唐宅看浴室水泥壁，又作書復唐寶書、陳劍塵二人。正午予妻在宅讌游太太，陪座有青甫夫婦及和姨，午後五時始散。

8月30日　霧

晨起做動課。午後偕曉垣出散步，至陟屺亭遊覽，此亭命名係四年前，曉垣初次來山時代定，故今日登臨此亭，彼亦有因緣甚深之感，歸道順便至菜根香飯店答訪蕭叔宣，彼已於數日前下山矣。

8月31日　霧

晨起做動課。早餐後青甫來向曉垣求法，又仲勛、鹿君偕來訪，略談即去。正午和姨招讌，予與予妻偕往，正午後五時歸，和姨同來為洗刷汽油燈，傍晚別去。

9月1日　霧

晨起做動課。早餐後周柏年君來訪談廿分鐘別去，又作書復厚生弟（為香山慈幼院事）、孟憲章、李功範、唐寶書（附去廢支票一帋）四人。午後讀書兩小時，又做靜課四十五分鐘。

9月2日　晴

晨起做動課兼做靜課四十五分鐘。早餐後答訪周柏年，并順便訪周佩箴二君，又至仲勛宅午餐。午後五時歸寓，途中遇雨，傍晚大風。

9月3日　陰

晨起做動課。早餐後作書復亞農、亮才二人，又做靜課四十五分鐘。午後讀書兩小時，周柏年來談。

9月4日　霧雨

晨起做動課又兼做靜課。早餐後理髮師來理髮，又應招至青甫兄宅午餐，午後五時歸。

9月5日　霧雨

晨起做動課又兼做靜課。早餐後讀書兩小時。午後與曉垣雜談（是日和姨欲下山，因水阻路斷未果）。

9月6日　霧雨

晨起做動課又兼做靜課。早餐後泥水來行破土式（改造廚房），因是日為陰曆七月廿四日，乃申月子日

辰時三合水局，曉垣精於斯道，堅信不疑，主張勿為雨阻，故仍於斯日斯時動工。又作書復趙厚生、郭延謨、呂習恆（附還敬輿家信一件）、袁文欽四人。午後讀書兩小時。

9 月 7 日　霧雨

晨起做動課又做靜課。早餐後出訪青甫兄，談家常細故。午後于吟詹小姐來，送來代畫白雲山館圖及摺扇乙柄，寫畫俱佳，于小姐為仲蘭姪之二表妹，學書畫聞已十餘年矣（是日靜課第二印完成）。

9 月 8 日　霧

晨起做動課又兼做靜課（是日開始結第三印）。早餐後葉錫洛君由甬來訪，帶來海㦤月餅等物，談半小時別去。又作書寄徐聖禪君（為春間葉錫洛君所託，追通泰庄款事）。午後青甫兄來雜談，并請曉垣兄傳授靜坐全法，傍晚別去。

9 月 9 日　霧

晨起做動課兼做靜課。早餐後作書復趙叔雍君，并託伊代購《四字經》一本寄山，又青甫兄偕蔣抑卮君來訪，蔣君行後，青甫又坐半小時，慰我之話甚多，可感也。午後間看工人做工，又管理局卓秘書同警察隊王隊長來談，半小時別去。

9月10日　晴

晨起做動課又兼做靜課。早餐後青甫兄嫂同來辭行，謂將於本日午後下山返杭，至十一時，予與予妻又偕往青甫兄處送行。午後作書寄張惟友、黃伯樵、沈君怡三人。又偕曉垣及妻女至蔭山散步，予妻往訪于吟詹女士，予與曉垣至源泰、慎大各號購日用雜件，并購贈曉垣橡皮底跑山鞋一雙。

9月11日　晴

晨起做動課又兼做靜課。早餐後作書復何生廷述，又駐上橫韋排長以翔來訪，雜談防務及營救綁票案，人心險詐於斯為極，談畢，送伊《旅順實戰記》一冊、《戰後之世界》一冊、大字筆一支、碑帖八份而別。午後，張敬純、李協和兩君先後由滬來訪，張為乃兄敬興葬事及其自身欲求一軍職事來商，李為時局事欲有所活動來商，共晚餐後別去。

9月12日　晴

晨起做動課又兼做靜課。早餐後張敬純偕前駐甘肅西北軍第二十五師師長戴靖宇（號匯川，豫人）來訪，談甘省漢回歷史甚詳，又談西北軍失敗經過，相與喟嘆，敬純談梁冠英部之內憂，在中央聯絡員宣俠父一人之身，蓋宣外聯曾曉淵（梁之駐京辦公處長），內聯郝鵬舉（梁之參謀處長），包圍梁子超，而此三人者均與共黨（最少亦左傾份子）有深切淵源等語，談畢別去（彼等將於次晨下山）。午後作書復梁子超、張子薑二

人，仍託敬純帶去，因敬純來時，梁、張均有信帶來通好，并有照片送來故也。三時半，李協和君又來訪，談時局，彼勸我下山奔走和平，予請其題詩一首於白雲山館苔芩集上，共晚餐後別去。

9 月 13 日　雨
【長江滾滾源何在？追到窮頭一露珠。】

晨起做動課又兼做靜課。早餐後李協和君派人持片來，知已與張、戴二人一同下山。予作書復何亞農、顧少川二人，何函內寄去本晨所成二句曰：「長江滾滾源何在？追到窮頭一露珠。」嗚呼！積無數「以為不甚要緊」之露珠而冲堤而毀屋而殺人，尋至不可收拾，可畏哉。顧函內謝其送我《蘇俄視察記》一書。午後，朱國珍帶一不相識之海派畫家任達川來訪，送來七言對一付，上稱我為詩伯，真是見所未見。

9 月 14 日　雨霧
【張慰慈《英國政府綱要》】

晨起做動課又兼做靜課。早餐後作書復周柏年、李昌明二人，又寄張雲蓀一函，託代兌現款，又讀書一小時半，讀張慰慈所編之《英國政府綱要》一書。午後，讀書兩小時。

9 月 15 日　雨霧
晨起做動靜兩課。早餐後許修直兄由滬來訪，雜談竟日，值至晚飯後別去，許寓大華飯店。

9月16日　雨霧

晨起做動靜兩課。早餐後許修直兄來為我題《白雲山館苔芩集》，獎飾逾恆。午後修直下山返滬，雨霧稍開，予率妻女及曉垣兄，至崗頭一帶散步一小時半。

9月17日　陰晴相間

晨起做動靜課。早餐後作書復君怡、傑才、唐寶書、姜嘉生四人。午後讀書兩小時。

9月18日　晴

晨起做動靜課。早餐後因曉垣兄得電稱其太夫人病危促歸，乃電岳軍為其定本日赴甯夜車床位，並飭僕代定下山轎。午後二時，曉垣下山北行，予為之悵然者久之。又作復書寄徐佛蘇、黃擯塵、金止觀、葉錫洛四人。

9月19日　晴

【是日為陰歷八月八日，為真兒十歲初度之辰，壬戌、己酉、己亥、戊辰】

晨起做動靜課。早餐後理髮師來理髮，又作書復朱炎之、李慕僑、唐寶書三人。午後作書復湛侯，又寄曉垣（代轉去一函）、亮才各一函。是日傍午，前管理局毛科長由杭來訪，囑代謀事，予勉允之，然苦無把握也。晚間，得岳軍來電，謂昨晚東北軍與日軍在瀋陽衝突，日軍乘機佔領瀋陽，事態極為嚴重等語。回憶六月初旬，曾有一函致岳軍（時岳在北平），對時局加以三

點注意，其第二點即謂對日外交應稍持重，若操之過急，恐日人乘我南部有事時，在滿州有所動作，牽制張漢卿，令其不能戮力關中，鎮壓北部。又於八月初旬，君怡由山回滬時，託伊轉達岳軍，大意謂對日有萬鮮案，對英有韜朋案，而同時廣東方面則有陳友仁使日，鮑樂廷到港之謠，允宜十分對外慎重等語（參觀八月四日日記）。兩次進言，毫無回聲，今事隔四閱月而居然難作，岳電且有促我早日返滬之意，事已至此，返滬有何用處，言念前途，真是心痛。山中又無人可相與討論，乃提燈出訪張靜江君，不料，彼已於本日午後二時下山赴甯，未晤而返。是晚，轉側不能成寐。

9 月 20 日　霧午後晴
【丁福保《心經箋注》】

晨起做動靜課。早餐後作書寄岳軍，請其對日軍衝突事，續報詳情，藉資參考。午後讀丁福保氏著《心經箋注》一書完，并日光浴半小時。

9 月 21 日　晴

晨起做動靜課。早餐後得曉垣書，知在滬與岳軍所談。午後作書寄亮才、修直、伯樵、厚生、曉垣及顧逸農六人，又陳萊卿夫婦及于吟簹女士先後來談。傍晚接靜江、岳軍同具名來電，促下山，當即復一電，并復一快函。

9 月 22 日　霧東北風

晨起做動課。早餐後作書復伯樵（樵亦有電來促下山）、亮才、震修、湛侯四人。午後作書寄青甫，又做靜課。

9 月 23 日　霧東北風

晨起做動靜兩課。早餐後作書復亞農，是日閱報知日軍已佔領吉林，然則奉、吉兩省均去矣，東三省終將為東亞之阿爾薩斯、勞連乎，痛孰甚焉。午後湛侯由杭來訪，交換時局意見，即留寓予宅，彼最近奉命到北方，住兩閱月，故談北部甚詳。

9 月 24 日　雨霧東北風

晨起做動靜兩課，又與湛侯雜談。午後作書復張之江呼籲和平救國，電未畢而逖弟由滬到，商談對外侮內政各節，彼此至興奮，值至十一時半始就寢。蓋到山後，第一次遲睡也。

9 月 25 日　霧雨

【逖弟之《國魂集》】

晨起做動課（未及做靜課）。早餐後繼續與逖弟、湛侯共商時局。傍午張樹聲由揚州來訪，帶到張之江函，亦來商時局，予因昨電欲復未果，乃一併作一復書文樹聲君帶去，湛侯亦因得甯電催赴京，一同下山。午後復與逖弟談《國魂集》之作，予極贊成之，深盼其早日完成也，蓋此作之影響有根本振作民族之功用，較一

時的國恥尤當重視也。

9 月 26 日　晴微霧

晨起做動課（一時半起）又做靜課。早餐後逖弟下山返滬，予作書復亮才、曉垣、協和、鳳千、寓鋒諸人。午後，心口忽感微痛，乃用自手按磨術，約一小時半，得虛恭無數而稍愈。

9 月 27 日　晴

晨起做動課。早餐後，作書復張岳軍、殷体揚二人。午後，發見廚役不守紀律事，痛感惡人難好，以小推大，國家前途真邈邈不可期矣。

9 月 28 日　雨霧

晨起做靜課又做動課。早餐後作書復程蓮士、黃伯樵、李協和、李曉圓、朱鳳千、潘為行諸人。午後整理文件，收拾行李，搬移臥房，豫備必要時，可以隨時下山。是日午後三時起，徹夜大北風。

9 月 29 日　陰冷

晨起做動靜課。

【與張雨樵相對而泣】

早餐後，張雨樵君來晤，談國事，至相對而泣。託伊帶轉杭某佛寺為保存古佛像捐洋伍拾元。午後，再整理文件。

9月30日　陰冷

晨起做動靜兩課。早餐後，作書復亞農、佛蘇、修
直、亮才、震修諸人。午後出外散步，因連日精神過
悶，且深感「惡惡而不能去」，有時因環境牽制，我亦
未免。是日轉輾思維，竟徹夜未能成寐。

10月1日　陰晴

晨起做動靜兩課。早餐後致書戴局長，捐武康脹會
貳百元，交王警察隊長送去。又周湘舲君來訪。周去
後，予至鐵路飯店午餐，算清本年賬目。午後歸寓，順
道訪張雨樵，繞球場而歸（是日靜課告完滿）。

10月2日　晴

晨起做動課。早餐後與予妻商定五號下山，乃作書
岳軍、亮才、君怡、伯樵四人。又作復寄馨航、曉圓、
湛侯、亞農、殷体揚諸人。午後分別付清山居各賬目。

10月3日　陰晴

晨起做動靜兩課。早餐後作書復劉菊村、金純孺
二人，又轉曉垣兄參函。午後作書致張雨樵，并送去
食品四包。

10月4日　霧

晨起做動靜兩課。早餐後理髮師來理髮，又張雨樵
兄來晤談。午後整理行李，并定車轎。是日因庖役與女
僕等相應，竟引土娼來門房談話，真是太不成話，予無
明火升，竟至動身打僕。事後思之，社會風紀破壞已
盡，滔滔皆是，予念佛數年而至時仍不免動手，是心不
隨境轉之說，似尚未做到，亟應加倍修持。

10月5日　晴

晨起做動課。早餐後六時起身下山。午後二到滬，

伯樵、君怡、文欽來接，未幾，岳軍來宅相晤談最近情形，知大局、滬局均甚危急。

10 月 6 日　晴

晨起做動課。早餐後黃任之、金問泗、程遠帆來晤。午後炎之、君怡來談。晚間，公權來共晚餐，詳告我在大連、奉天、安東、營口各地親見亡國慘狀及折衝經過，談至十一時始散（銘心）。

10 月 7 日　晴

晨起做動課。早餐後黃任之偕江問漁來談前次陳友仁等赴日。又褚掄記來算造圍墻賬，計二十九元餘兩，給訖。又金問泗來談，午後修直、文欽、傑才等先後來訪。晚間震修、亞農來共晚餐。

10 月 8 日　晴

晨起做動課。早餐後，君怡來接同往看胃病（有漳州旅菲律濱華僑，名楊夢初者，精於中醫，據說數十年老胃病，經伊治愈者不少，故往診，診後允代配藥）。歸寓後，劉子楷君來談，午後整理舊文卷。

10 月 9 日　晴

晨起做動課。早餐後張公權、沈崑三二君先後來談（談特別會議內容）。又許修直來，偕往訪厚生病。午後君怡來談。

10 月 10 日　晴

晨起做動課。早餐後出訪靜江（在靜處，遇石曾同談），又訪鎔西，傍午歸寓。午後李協和、張岳軍先後訪，李主民權，張告介意，張并告我宋子文宅會議，胡適之主張頗多。晚間炎丈、和姨來談。

10 月 11 日　陰晴

晨起做動課。早餐後，黃任之偕江問漁君來討論時局，彼對適之主張亦頗懷疑，然邀我與史量才、余日章晤談，史、余雖相識而知不深，恐亦未必有特見者也。黃、江去後，志萬、塵白先後來，予告以土肥原在奉天對公權談話時，一為醜事（即中國人紛至土肥原處，願包稅局，土斥之謂此乃中國苛政之一，豈日人主政而猶留此耶）。午後周亮才、易寅村來談。傍晚殷亦農來，留共晚餐，談日方及窗中各情甚詳，值至十時別去。蓋殷深知內容，形勢仍極嚴重也。

10 月 12 日　晴

晨起做動課。早餐後，沈崑三來約英國出席太平洋會議代表「克德」君，欲與我晤談，予允之。沈去後，予出訪公權於中國銀行，得讀胡適之所草建國會議內容，及宋子文與蔣商後，來電一通，知半開門之辦法，尚未能通過也，可嘆。午後蘭兒來，知其病甚深，非速治不可，乃慰勉一番，并授以床上運動術而去。又俞鴻鈞來訪，又金九如奉劉厚生君命來滬報告北情。

10月13日　晴

晨起做動課。早餐後黃任之偕江問漁來談，又陳彬龢來，因黃、江談未畢，約明午後再來。午後出訪協和、鳳千，均未遇。至傑才處，略談而歸。歸後，修直來告各處聞見。傍晚鳳千來長談兩小時，告我對國聯借款醞釀之經過，及銀行「八方美人」之辦法，甚足以供應付時局之參考。晚間伯樵來，囑伊分送「戰後之世界」五冊。

10月14日　晴

晨起做動課。早餐後蔡達生（與桂有關）、葛湛候、朱達齋等先後來談，湛侯告我，丁在君擬充經濟委員會秘書長一說，與昨日鳳千借款之說可資印證。

10月15日　晴

晨起做動課。早餐後黃任之偕江問漁來討論時局，又理髮師來理髮。午後李印泉、王範庭二君先後來訪，均多年不見之舊友也。

10月16日　晴

晨起做動課。早餐後赴北站乘九時車赴杭。午後二時到，寓西冷飯店稍休憩後，即往訪青甫兄談內外時局。彼所見到之處，大致與予相同，惟聞杭州全城幾無人可與語國事者，真是憂心之至。傍晚訪張暄初，同至廣東館小敘，同座為暄初、青甫及袁巽初三人，飯畢分手後歸寓，順道至昭慶寺訪文欽及叩其太夫人靈。

10 月 17 日　晴

　　晨起做動課。早餐後青甫兄偕達齋來訪，同往遊桃源嶺下之新心涼亭（并至蔣姓家小坐），又遊清波門外停雲館，遊畢，予往訪大、三哥，談姪輩讀書事。正午偕青甫、達齋午餐於王順興飯館。午後一時，至昭慶寺，三時在寺為文欽之太夫人點主。張暄初與孫靜齋二君為左右襄題官，四時回寓。青甫、文叔二君先後來敘，傍晚始別。

10 月 18 日　晴

　　晨起做動課。早餐後許幼芝來照料，算清店賬，即雇車到城站，趁九時五十分車回滬，同車有孔廉白陪坐，頗不寂寞。午後二時到，至家時孟和襟兄在宅候，彼新自北平來，參加太平洋會議，彼此交換聞見，及對時局意見。又顏駿人、談丹崖同來訪，談外交形勢，顏頗樂觀，蓋有所蔽也。傍晚，孟和復來談，共晚餐後別去。

10 月 19 日　晴

　　晨起做動課。早餐後仲勛、鹿君偕來晤，雜談一小時別去。予作書復堯年、乙藜、靜芝諸人。午後朱鳳千來談，將應閻電召北行，又告顏駿人赴外部批閱公文等事。晚間赴史量才宅讌，同坐有黃任之、余日章。

10 月 20 日　晴

　　晨起做動課。早餐後張幼山、藍軍恆、張岳軍、蔣

伯誠等先後來晤。午後文欽、亮才來談。

10 月 21 日　晴

　　晨起做動課。早餐後任之、問漁來晤，又殷体揚、
何傑才來談。午後作復書寄蔡達生、沈立孫二人，又出
訪朱鳳千，談外交形勢。彼對日方提出之第二條頗憂
慮，乃又訪公權對外述第二條之後患無窮，即請其電子
文嚴詞拒絕，對內述介石非於國聯理事會閉會後，不可
發下野之電，公權亦以為然，允分訪甯方之李石曾、粵
方之顧孟愚，陳述意見，藉圖挽救。歸時順道訪厚生未
遇，晚間赴伯樵宅夜讌，同座有周恩湛、趙叔雍、章乃
器及君怡諸人，予述對內對外二層意見，又為之講演軍
事訓練之辦法及流弊豫防法，周、趙二人深視為重要，
讌後分頭訪申、時事兩報，及商會主要人，希望一致有
所主張，九時半歸。

10 月 22 日　晴

　　晨起做動課。早餐後出訪靜江、岳軍，均未遇。又
厚生、堯年先後來訪。正午偕妻女赴伯誠兄宅午餐。午
後二時半歸。傍晚亦農及康選宜、金國珍、何廷述三君
先後來訪，予為康、金、何三人說明外交內政各情形。

10 月 23 日　晴

　　晨起做動課。早餐後劉君實、張岳軍、張季鸞三
人先後分別來談時局。午後作書復李有功。孟和兄偕
英人克蒂斯來茶會（太平洋會議英國代表），沈崑三

亦在座。

10 月 24 日　晴

　　晨起做動課。早餐後殷鑄夫偕彭靜仁來談，又張靜江來晤，告我介石最近之籌畫。傍午厚生偕李伯申來談（伯申多年不見，由北平來）。午後撤董庖丁。傍晚計仰先兄來談。晚間託伯樵訪任之，請其電報之加以「鐵路區域日本並無駐兵權」之注意。

10 月 25 日　晴

　　晨起做動課。早餐後沈立孫來雜談。文欽由甯歸來，報告與天翼及外部舊同人會晤後所聞各節。孟和來告太平洋會內，英代表態度，公權來告與精衛會談後情形，并約我下星期三晚至中行禮堂為行員講演。午後伯樵、震修（帶來坂西一函，日人之無聊極矣）、齊鐵生等先後來晤。

10 月 26 日　晴

　　【葉著《對日計畫書》】

　　晨起做動課。早餐後作書復仲蘭、習恆、敬純、承齋、叔衡、蔡段長等。又讀葉叔衡之《對日計畫書》一冊，徐青甫之《經濟革命救國論》一冊。午後朱兆莘來談。

10 月 27 日　晴

　　晨起做動課。早餐後汪翊唐來約唐孟瀟求見，此

等人來去無常，不知究有覺悟否。又理髮師來理髮。
傍午至職業教育社午餐，餐後參觀該社各部份業務，
又由任之、信卿、問漁等陪至人文社參觀，值至傍
晚，六時歸寓。

10月28日　晴

　　晨起做動課。早餐後，藍軍恆來訪，又楊德民來約
下星期一往暨南大學講演，又作書寄展姪及青甫（寄還
青甫著稿）。午後文欽、炎之等來訪。晚餐後赴中國銀
行俱樂部應公權之約，為其行員二百人講演今後之救國
方法，注重自振自拔：（一）各安其適，（二）各盡其
職，（三）各精其業。晚十時歸寓。

10月29日　晴

　　【錢承緒著《遼吉事變報告書》】

　　晨起做動課。早餐後岳軍來報告近日所謂和平會議
之內容，與南京對廣東七條提案之對案七條，際此外患
當前，所謂黨國要人斤斤於此，真是可恥。午後讀錢承
緒著《遼吉事變報告書》一冊。傍晚君怡來，告以現在
情勢，所謂黨國要人專議對內條件，置國家重大外交於
不顧，真太不堪，應轉告《生活週刊》，標出三題徵求
輿論意見：（一）至十一月十六日如遵照國聯議決，日
本撤兵，我國接收遼吉之人選、方法、軍隊及善後處置
應如何；（二）至期仍不撤兵第二步之辦法如何；（三）
對內會議成則於國家時局裨補如何，不成，則影響遺害
如何。君怡即時往訪該刊主任周恩湛轉達。

10 月 30 日　晴

晨起做動課。早餐後王壽民、何傑才二人先後來談，又日光浴半小時。午後草〈政治改革意見書〉。

10 月 31 日　晴

晨起做動課。早餐後，偕妻兒至靜安寺路寶德照像館，因是日為予與予妻滿十九年結婚紀念日，真兒又卻十歲，故共拍一照，以留紀念。又至電氣公司陳列處參觀電灶。正午，在「金陵酒家」午餐，同座有文欽、伯樵兩對夫婦及志弟、萍姨。午後，又偕文欽至溫泉浴室沐浴，傍晚歸寓，修直在宅候，談半小時別去。亮才又來談，告我本日與厚生、岳軍所談經過（為予出處之事，予婉謝之）。

11月1日　晴

晨起做動課。早餐後，步行至厚生處，又從厚生處雇汽車同厚生、任之、問漁三君至城隍廟內園內一角亭（厚生之上海通志館設於此），討論救國方案。正午未畢，乃同出至桂花廳午餐，餐後回一角亭再議，值至五時始散。歸寓後，孟和兄在宅候，談太平洋學會。

11月2日　晴

晨起做動課。早餐後偕傑才、德銘赴真茹暨南大學講演，十時半歸，馬伯援君在宅候，彼自東京來歷述在日聞見。傍午岳軍來談時局意見，共午餐後別去。午後養志、修直先後來晤談。

11月3日　晴

晨起做動課。早餐後黃仲蘇來晤談，正午在宅讌客，同座有鎔西、伯申、任之、問漁、厚生五君。午後金問泗來談接收東省事，吳承齋來談日、英對抗歷史。晚間雨，文欽在宅共晚餐。

11月4日　晴

晨起做動課。早餐後黃任之來報告「外間傳言」種種，葉叔衡由津來報告平津醞釀。陳璞章來，帶到張之江函件。午後林季良由晉來報告晉軍最近情形，又傑才、蘭兒、炎丈、和姨、君怡、萍姨先後來晤。晚間岳軍來報告時局，頗慮擴大。

11月5日　晴

晨起做動課。早餐後王叔魯、汪翊唐來談，王新從北平來，各交換對時局意見。又達齋、遠帆來晤。午後金國珍來託謀事，因彼已不能往日留學。

11月6日　晴

晨起做動課。早餐後袁文欽來晤，又徐季實來，未晤面。午後厚生偕方叔平君來訪，因方君將外遊，特來商談應豫備之點。晚間赴君怡宅與君怡談「我對外交之觀察」，因彼將於本晚赴甯，託其轉告湛候。喚起其注意也。

11月7日　晴

晨起做動課。早餐後作書寄李有功，問工程已完否。又潘連茹由晉來訪，午後作書寄陳希曾、王壽民、陳允儀（蘇女中學校長，來請往演講，未能去）。又修直來告和會有轉機。晚間亮才來談討論案經過之發表，有所討論。

11月8日　晴

晨起做動課。早餐後九時半，赴江灣應唐寶書之約，并參觀唐宅菜園及君怡經營之小花園。正午在萬國體育會午餐，同座有伯樵、炎之等夫婦。午後三時歸寓。三時半吳承齋君來報告吳子玉之興國軍消息（彼在高恩洪處所聞）。傍晚公權來談調停和會並通過「財政委員會」之經過。晚間，岳軍夫婦來晤，岳軍與我

商談浙事。

11月9日　微雨

晨起做動課。早餐後九時半，至市政府參加紀念週，并講演其目的，因近中日報紙造謠，謂我已密渡日本，有所謀劃，欲借此以證明予確在滬也。十一時歸寓。午後羅鈞任君來訪，多年不見，談吐如昔。述東北情形甚詳，對東北人根性觀察尤為深刻。羅去後，厚生、鎔西、伯申三君同來討論時局，傍晚別去。晚間君怡由甯歸來，報告導淮會內容。

11月10日　晴

晨起做動課。早餐後任之、問漁、厚生三君來談。任之新應蔣召赴甯歸來，告我對蔣談話經過。午後劉菊村來談，彼對西北軍舊將領中獨贊美梁冠英（孫連仲次之），又志萬來談縣治情形頗詳。傍晚林季良來雜談。

11月11日　雨

晨起做動課。早餐後理髮師來理髮，又何傑才君來談。午後讀書一小時半。傍晚炎丈、和姨等來共晚餐，又伯樵夫婦來談。

11月12日　雨

晨起做動課。早餐後出訪羅鈞任談兩小時，彼出示擬勸張漢卿下野之電稿，蓋有鑒於前昨兩日日人在天津之暴行，急在迫張故也。又訪劉子陔君，未晡而返。午

後出訪李協和（往蘇州）、王叔魯（往杭州）、張岳軍（出外），均未遇。傍晚至炎丈處談話、又至史量才宅晚餐，同座有任之、厚生、彬龢、叔雍、羅隆基諸人，九時半歸寓。

11 月 13 日　雨

晨起做動課。早餐後殷鑄夫來談武昌商埠事，謂任琴甫與菲律賓華僑楊夢初（即日前君怡介紹代我診病之人）之間所訂一草合同，豫備組織一房地產公司，又謂趙炎午欲訂期來訪等語。殷去後，作書復康選宜、殷公武二人。午後張岳軍來商浙事及與石曾商談經過，予又順便為之述明「最近予對外交趨勢之判斷」，彼深以為然（注意美國演出第二次樸資茅斯條約），值至傍晚始去。

11 月 14 日　晴

晨起做動課。早餐後出訪張公權君談至正午始歸：（一）對東北事，應催顏駿人速行，美將作漁翁之觀察；（二）對天津事，應設法使張漢卿速解職；（三）談北行及浙行事。午後任之、厚生、鎔西、問漁等來談。

11 月 15 日　陰

晨起做動課。早餐後九時半，康生選宜來晤，十時半沈崑三君偕英友婁斯 Roce 來訪。午後黃任之、史量才來談，任之得寗函，謂中央已決定對東省採用武

裝接收，任之信以為真，異常倉皇，其愛國之誠可見，
其判斷力之不足亦可見，蓋此公富於情而短於知也。

11 月 16 日　晴

晨起做動課。早餐後石曾、公權由南京歸來，商
洽北方局勢，形勢嚴重，責任重大，不能即決，約次
晨再商。又鑄夫偕王九齡、趙炎午、彭靜仁等來談，
午後逖弟、岳弟先後來，再商北行事，兩弟均以為應
慎重考慮。

11 月 17 日　晴

晨起做動課。早餐後岳軍、石曾、公權來再詳商北
方事，談論半日，石、公二人均在予寓午餐，結論本晚
予偕石曾同往南京商議後，再定大計。傍晚，得霽來電
話，謂介石赴湯山，無從約定會晤時間，囑暫緩行，故
赴霽之議決而復止。

11 月 18 日　晴

晨起做動課。早餐後君怡來建議對北行事應加慎
重，并應預先決定方針所在。予乃告以此事動議之起，
原因予內含之心理，彼遂恍然。又偕炎丈、和姨至晉隆
看鐵竈。午後任之、問漁、厚生、鎔西等來談時局。傍
晚岳軍來報告介石之新決定（讓中央於汪，己則以國防
軍總司令名義出駐北平）。予深以為不妥，因此種形式
等於對日宣戰（最少亦可謂對日備戰），在此國聯尚未
絕望之時，似尚不可孤注一擲，舉國以殉也。

11 月 19 日　晴

晨起做動課。早餐後電約公權來談中央對時局之新決定，公權之意以為此乃介石個人衝動所致，各方決不如是簡單，未必能實現：（一）汪未必去；（二）稚暉、石曾均反對，昨晚已去奮力爭，故予慮稍停。午後陳彬龢來談，告以輿論界應取方針。傍晚電邀文欽來晤，聞彼因濟南製糖廠事，將有北行，予先為之介紹濟南建設廳長王芳亭。晚間君怡來，與之談論青年界人物，十時別去。

11 月 20 日　晴

晨起做動課。早餐後閱報知馬占山將軍已彈盡援絕而於十八日夜棄齊齊哈爾，回憶九月十八日失瀋陽後，兩月之間，東三省國土全部落於敵手，悲痛無已。晚間至全浙公會應褚慧僧等之約晚餐，九時歸寓。

11 月 21 日　陰

晨起做動課。早餐後朱達齋來商船政分局事，又協和來，謂明日張仲仁、李印泉等將由蘇來滬，擬有一敘餐機會。又葉景莘君來談。傍午周肇甫來辭行返錫。午後豫備本晚講演腹稿。晚飯後七時，往寰球中國學生會講演，題為「國民之自覺力」，聽眾約二百人，半皆各大學教授及學生，中遇何廷述、關性靈等均在焉，八時歸。

11月22日　晴

　　晨起做動課。早餐後仰先、震修、遠帆、蓮士、希曾、石蓀等先後來訪，半日無寸刻閒，殊覺苦痛（不見者尚有墨正、仲蘇，電拒者有協和、子陔）。午後劉子陔來晤談赴窜與顧少川建議經過。又張仲仁、李印泉偕徐子為（與沈志萬熟）、屈均畹（號蘭九）來訪，以外交趨勢見詢，予告以對美態度應注意。傍晚逖弟來共晚餐。

11月23日　晴

　　晨起做動課。早餐後金國珍、何傑才來談。午後岳軍來告我昨晚與公權、石曾等談話經過，知國事紛糾正多。予告以應對石曾聲明，前談北方局勢改善一說，應即中止，勿增多一層糾紛為要。晚間赴霞飛路1409陶宅，應頌雲、協和二人之招晚餐。同座有張仲仁、李印泉、張鎔西、褚慧僧、彭靜仁、殷鑄夫、陶星如、徐季龍、徐鶴仙諸人，九時半散。

11月24日　晴

　　晨起做動課。早餐後遠帆來託，亦雲代見。予與任之、鎔西、厚生、問漁等商辦通訊事，至午始畢。午後蘭兒來，出醫方三，予囑仍請陸仲安繼續醫療為要。晚間君怡來，予與之談青年組織力。

11月25日　晴

　　晨起做動課。早餐後文欽來談時局日亟，擬謀地方

自保方法。予告以應先往甯、杭各地察看實情，又理髮師來理髮。午後偕眷至肇豐公園散步，又修直由甬歸來訪（余樵峰母壽）。傍晚蘭兒來報，謂岳軍之次女在院病故，現已移在萬國殯儀館，岳軍夫婦悲痛非常，不肯回家等語。予與予妻乃同往慰問，至則岳等已先歸宅，遂一看殯儀館內後，即往岳宅慰問，至九時臨歸，蘭兒大慟，予與予妻送伊回家。

11 月 26 日　雨

晨起做動課。早餐後文欽來，告昨日聞見，又鑄夫偕趙炎午、彭靜仁來談湘中局勢危急情形，又厚生偕何克之來訪（克之由皖來）。午後因昨夜未安睡，乃休憩不見客。晚間在宅讌何克之，厚生、鎔西、任之作陪，八時半陪客先行，克之與予談北方形勢，並謂張漢卿直屬隊伍中以駐井陘之黃師嶽旅軍紀最好，十時別去。

11 月 27 日　雨

晨起做動課。早餐後厚生偕唐悅良來談，唐已數年不見，力述當年經過，為煥章洗刷。正午赴鎔西宅午餐，午後三時歸。修直偕顧盡忱來訪問，顧近與精衛甚近。又季良偕井崧生來晤，井此次由陝北來出席四全代表大會，將於明日赴杭遊覽。傍晚湛侯由杭來談時局，相與欷歔者久之，然亦談不出方法得以挽救刼運。

11 月 28 日　晴

晨起做動課。早餐後赴市政府與岳軍談公私事件，

知介石已陷於進退維谷之境。傍午歸，蘭兒在寓，乃共
午餐。午後作書復金仲蓀、金止觀、何廷述三人。傍晚
張公權來晤。晚間至職教社晚餐，應任之約。

11月29日　晴

晨起做動課。早餐後湛侯來談，十一時張公權君來
接，同至江灣俱樂部散步及談話，即在該部午餐。午後
三時半歸，又伯樵來談。晚間至炎丈宅晚餐。

11月30日　晴

晨起做動課。早餐後湛侯來談，十時壯華由青島來
談東北海軍內部已發生問題，彼處置不慎，不得已脫險
來滬等語。國難至此地步，而處處內部紛擾層出無窮，
可憂亦可恥也。午後三時，何克之偕李曉東來訪，又劉
楚材代表井崧生送皮統、地氈各一件來。四時半，赴鎔
西宅會商救濟時局意見，六時返寓。朱鳳千君由山西歸
來，述百川近狀，并同至中西療養院會李石曾、張公權
二君，九時歸寓。

12月1日　晴

　　晨起做動課。早餐後袁文欽、文詔靈二君先後來訪。午後許修直君偕賈景德來談。傍晚炎之、湛侯等來共晚餐。

12月2日　晴

　　晨起做動課。早餐後作書復沈立孫、李曉圓、姜俠魂（建業里五十號）三人，十一時答訪劉菊村，又至新新公司購件。正午應張之江、張樹聲二君之招，赴中社午餐，同座有協和、季龍、叔平、曉東、蘭江、菊村、李炘（顯堂，河北舊師長）、戴匯川、沈嗣莊諸人，午後三時歸，作書復暢卿。傍晚周亮才君來談，又託復暢一電。

12月3日　陰

　　晨起做動課。早餐後電邀厚生、任之來討論大計，議決對介石先進言。午後季良、亮才來商讜請井崧生事（又唐琴聲來送我墨龍畫一軸），又岳軍來談浙事，謂寗方有調彼長浙之風傳等語。晚間君怡來雜談。

12月4日　晴

　　【致介石函，對時局陳救濟辦法】

　　晨起做動課。早餐後周作民、劉菊村先後來談。午後作長函致介石（函請萍姨帶寗，將由乙藜密呈），函稿錄後。又三時後，厚生、任之、鎔西等來敘談，傍晚始散。

附致介石函稿

密

東省事發，舉國震驚。兩月以來，苦心焦慮，冀得一策以紓國難而減弟憂，乃內審國情、外察國際，戰固不能、和又不可，亦祇有外賴國際之制裁，內圖國家之統一，然後徐覓出路，以圖補救之一途。默察中央步驟正復相同，故遂無言以貢左右。顧旬日以來，時聞人言，弟將以一去示為國之公忠，而促成內政外交之解決，初以弟責負責任，未敢輕信，然今則某主國府、某長行政，一切皆已內定，祇待發表時機。果爾，則兄不能無言矣。竊謂今日之局勢，非弟一人去留問題，實全黨能否打開難局之問題也。全黨而能打開難局，弟不去亦未始非絕對無辦法，全黨而不能打開難局，弟去何益。露骨言之，弟去，而日本能立刻無條件撤兵，東北完全無恙，則弟決然而去可也。弟去，而日本之軍事行動如故，要求條件如故，則不能允許於代表國民黨之弟者，謂可允許於代表國民黨之繼代人乎。此一而二、二而一者也。若曰喪失權利之交涉，甯可成於他人而不忍成於弟手，則後來之成此交涉者為弟之代理人乎，責任固仍在弟也，如與弟無關之繼任人乎，則責任仍在全黨也。故外交之困難必因弟之去而稍紓，而國內之困難勢將因弟之去而加甚，此不可不深思熟慮者也。兄建此言非謂今日之難局仍可泰然處之，亦非謂結束東省事件之約可泰然由弟親訂之。惟為弟謀、為國家謀，覺尚有勝於去之一途耳，其道安在，則惟有以解決外交之責任，不以一黨負之而與全國之民共負之是也。以兄觀察，今

國民之不顧國力，漫然以收回失地責弟而主一戰者，或由於血氣衝動，或由於局外不明，實際或另有作用而故為高調者，是故在黨的政府之下而言，解決外交計，惟有戰，戰則舉國家為一擲之孤注，然不戰則外交之終局，勢必出於讓步，讓步則國民之責難紛起，反動乘之，內亂將更甚矣。故於此中覓一比較安全之路，惟有全黨外之國民共同負責，然此非可以望於一時之國民會議或國難會議，以一時之會議，國民必不願代政府分謗也。誠欲全國民共同負責計，惟有稍稍舉憲政時期之權利畀諸國民耳。夫訓政之必入憲政僅為時間問題，揆之中山先生建國初心亦未嘗不欲黨自由，俾國民得藉以練習中山先之《民權初步》，如此則弟可以不必去，即去亦可為中國之華盛頓，且可收大效如下：

（一）由軍政而訓政而憲政者，由弟一手貫澈完成。

（二）舉國民對黨之嫌怨，與黨內糾紛一掃而空。

（三）對目前外交問題，民選國會既與中央黨部共同負責，則和戰之責，國民自然與黨共負之。

（四）下院有審核及通過預決算之權，全國必真切有效的擁護政府。

（五）因組黨之自由，不特黨外人才有機發表政見為公開之討論，即黨內人員亦感於網羅人才之必要，而黨務可不致腐化。

解決外交，匡濟國難，兄窮思累日以為計無逾此，或慮議訂憲法草案與民選議會，需時過多，非可應急，則亦似是而非之論也。今日本態度頑強，國內民氣激昂，國聯方有調查委員團之派遣，距解決之時尚早，而

按照德國在歐戰後建國之先例，則其臨時憲法僅僅以十五日時間由起草而議決採用，今由立法院議訂草案尚可急就，由此召集國會以最大之速率行之，當亦不出兩三月，國會成立之日，國民將歡欣鼓舞慶得民權以稍安慰，其在外交上所受壓迫之苦，而中央黨部仍居於控制地位與訓政之精神毫不相背。弟且將進為全國國民信賴之領袖，較之飄然一去，得失懸殊。一國安危，大計所關，兄不忍再事緘默，尚祈斟酌採納，如大計既定，對於入手辦法有所垂詢，兄仍當續為研究，藉供參考，臨穎仰望，不盡欲言。

兩知，十二、四。

12月5日　晴

晨起做動課。早餐後神田正雄來談，知暴日在津增兵，還是要逼走張學良。正午至新新酒樓讌井崧生，午後往弔歐陽駿民。

12月6日　晴

晨起做動課。

【介石復書到】

早餐後，乙藜由甯來，帶到介石手書。對昨陳大計，謂能否實施尚待考慮。而另一問題乃將去春之舊話重提，要求我出而長蘇，予覺非其時、非其地，以緩詞復之。又熊天翼君亦奉命由甯來與我及岳軍商量外交方針，談三小時未能決，約晚間再談。午後三時半至總商會演講「努力之方向」，五時歸寓，七時天翼、岳軍再

來商定大體方法，由天翼專差赴審報告，十時散。

12 月 7 日
〔缺〕

12 月 8 日
〔缺〕

12 月 9 日
〔前缺〕羅鈞任來談，又吳震修來晤，晚間八時得知學生三千人包圍市政府，乃向各處打電話，擬為之調解，至夜深一時而未能如願，聞此事起因實自南京來，而由於輩之好弄小策故也。

12 月 10 日　晴
晨起做半動課。早餐後知市府昨日徹夜被學生包圍，并知李協和君入圍調解未成，予遂決意往市府擬向學生勸諭，遂與君怡同往，至則適學生在市府開「民眾法庭」審判兇手，投刺三次，在門外鵠立一小時未得入。乃至岳軍宅先安慰其夫人，復訪石曾，又偕石曾訪陳銘樞，在陳宅門首遇吳開先、潘公展諸人正入內，與陳氏商營救辦法，陳氏優柔無策之時，而予妻來電謂市府學生已退，乃至市府訪晤岳軍（邵力子亦在座），岳為我細述此案經過與內容（可嘆可悲），可料知後患正未已也。正午在功德林讌熊秉三，同座有炎午、靜仁、行嚴、鎔西、幼偉、任之、厚生、伯樵、叔雍諸

人，飯後談「國難救濟委員會」事，任之過急進，予
頗為之擔憂。

12月11日　陰晚間西北風極盛天驟冷

晨起做動課。早餐後，趙丕廉、潘連茹來訪，又大
夏大學學生陶志（心喬，江蘇沭陽）來訪，又教育局長
君陶來訪。午後壯華、岳軍、公權先後來談。晚間希曾
來告此次學潮經過之真切內容，彼年輕未能經風浪，故
見我即大哭，予極力安慰之而去。

12月12日　晴

晨起做動課。早餐後任之、厚生、克之、鎔西等
來談，適曉垣兄自北平到，亦列席討論時局，至午始
散。午後偕曉垣訪岳軍，勸伊赴甯面述學潮經過，再
定去留。

12月13日　晴

晨起做動課。早餐後作書復愛理、止觀、倔哉三
人，又作書寄金問泗為湯愛理說項。

12月14日　晴

晨起做動課。早餐後，出訪賈景德、趙丕廉、潘泰
初三人於大中華飯店，又訪曉圓兄於一品香，同歸至宅
共午餐。午後答訪張之江。傍晚至鎔西宅赴讌，同席為
任之、厚生、克之、曉圓諸人。

12月15日　晴

　　晨起做動課。早餐後文欽、協和二君先後來談，十一時出訪李曉東於其私邸（莫利愛路十二號），正午歸。午後作書寄山，三時半大夏學生陶志偕田康（達之）來，帶到該校代理校長歐元懷君一函，請我於下星期一日往該校講演，予面允之。又計仰先君亦來請於本星期五往自治傳習所講演，予亦允之。傍晚，湛侯由杭來談，至岳軍電邀往宅商議彼之去留問題，決意再電堅辭，蓋知介石已於本日通電辭職，由林子超代主席，陳真如代行政院長，又知本午各地學生在寗打毀外交部、中央黨部，并擊傷蔡子民、陳真如二人，國事至此，實已一發而不可收拾矣。予在張宅時，何敬之、張靜江二君先後來訪，家中人告以往張宅，故何、張二君亦先後到張宅晤談。晚餐後予又赴何宅答拜敬之，告以本月四號致介石一函之內容，并信此法尚可救濟目前難局之一部份，請伊返寗再詢介石，如彼已下野，不便有所主張，予願以國民地位發表之，談至十一時半始歸。

12月16日　晴

　　晨起做動課。早餐後徐季實帶工匠來修火爐。又朱達齋來，託往辦銀行抵押轉期事。又正午在家讌客，同座有趙丕廉、賈景德、潘泰初、鎔西、曉圓、厚生、任之、克之諸人，午後三時散。修直、希曾先後來談。晚赴李曉東君宅招讌。

12月17日　晴

晨起做動課。早餐後曉圓偕危苞濱來談東北事。又公權來告我新政府醞釀之內容。又金止觀來談將赴東繼續留學事。午後禦秋、厚生、任之、鎔西、克之、曉圓諸人來談。傍晚炎丈、和姨、湛侯來共晚餐。

12月18日　雨

晨起做動課。早餐後出訪薛子良、羅鈞任，均因尚未起床，未遇而返。午後鈞任來訪，三時計仰先來接往地方自治訓練所講演，四時半歸寓。傍晚炎丈、和姨又來談敘。

12月19日　雨

【重光來訪】

晨起做動課。早餐後日本重光公使來晤談一年來彼之經過，對東三省案陷於無法挽救之地位，彼十時來，十二時半始去。予即趕至功德林應厚生、任之招讌，在座有陶遺、禦秋、勇功諸人，陶遺新自哈爾濱歸，為我述亡國慘狀，真是悲痛。午後四時，赴職業教育社演講，題為「佛學上指示吾人之努力方向」，五時半歸。

12月20日　晴

晨起做動課。早餐後文欽由杭歸來，告杭人對魯滌平長浙之不滿。又吳達銓、錢新之來談金融界與時局內容，對公權頗有微詞。午後曉圓、禦秋來談，晚赴鑄夫宅應鑄夫、靜仁公召，同座有溫欽甫、易次

乾、趙炎午、李伯玉等。

12 月 21 日　晴

　　晨起做動課。早餐後本約定赴大夏大學講演，乃該校臨時派陶志田、康雨生來述，該校學生因各派自起衝突（為唱黨歌、讀遺囑等事），已無形散課，祇得請求下學期補講云云。嗚呼！青年之犧牲如此，為國家前途接替計，真可悲慮。十時文欽來辭行，將赴贛就新任。文欽去，予赴中國銀行訪公權，談時局內容及將來救濟法，談至正午歸寓。午後任之、厚生、曉圓、鎔西、克之、禦秋等來會，傍晚始散。

12 月 22 日晴

【松井來談】

　　晨起做動課。早餐後松井石根赴歐過滬來訪，談東省事，得其要領四點：（一）全滿鐵路合辦（直至山海關）（彼稱日滿合辦，似迴避日支合辦名詞），并可借美款贖回中東路（此中可測美國態度）；（二）今後東三省政府祇用巡警維持治安，不用軍隊。軍隊祇有護路軍，此軍將校中日攬用（日以豫備將校任之，并酌加日本憲兵），兵士用中國人；（三）對俄國防初說由日本軍擔任，繼掩飾其詞，謂中日合力擔任；（四）商租權確認。嗚呼！咄咄逼人如此，猶口口聲聲曰公道、東亞大局、中日同志，而予仍不得不曲予周旋，自己不長進之國，可憐孰甚。十一時，市府秘書長俞鴻鈞來約明年新正九號，約翰大學同學會年會，請去演講，予允之。

又告我岳軍在甯辭市長職，已可照准等語。午後整理物件，預備赴山休息數天。

12月23日
〔缺〕

12月24日
〔缺〕

12月25日　晴
晨起做動課。早餐後蔣抑卮來訪。午後算清泥木兩工賑，計洋2400元。又出訪張雨樵，談半小時。訪張靜江，值午睡未遇而返。

12月26日　晴風
晨起做動課。早餐後與青甫商談農村小學事，又囑僕往定車，擬午後下山，又算清銅匠賬，計洋210元。又出訪靜江，并順道至郵局與卓局長談農村小學事，十一時下山，晚七時半抵滬，車中遇蔣抑卮談絲業、棉業情形甚詳，中國人如不普徧的力持盜戒，則永遠不能建國也。

12月27日　雨
晨起做動課。早餐後徐季實來晤。午後仲勛、鹿君來訪，鹿君將北返，託其打聽天津房地事。傍晚至炎丈宅晚餐，十時歸寓。

12 月 28 日　陰

晨起做動課。早餐後厚生、曉圓二君先後來談。正午，公權派車來接至匯中四樓420房午餐，午後三時半歸。傑才、修直在寓候，分別談至傍晚別去。

12 月 29 日　雨

晨起做動課。早餐後金純孺來雜談。

12 月 30 日　晴

晨起做動課。早餐後出訪岳軍，知四屆一中全會經過情形，又訪曉圓。午後暢卿來談（是日煥章到滬）。傍晚馬雲亭來晤。

12 月 31 日　晴

晨起做動課。早餐後出訪岳軍、寅村二人，歸寓後，震修來晤，雜談半小時別去。午後作書寄石曾。晚間君怡、伯樵、曉圓諸君來共晚餐渡歲。

民國 21 年（西元 1932 年）

1 月 1 日　晴

晨起做動課。早餐後達齋、廉白、仰先、逸農、義舫等先後來拜年。十時，曉圓、菊村偕煥章來訪，予與煥章自黨家莊別後已四年矣，世事變遷真不知所屆，談至正午乃赴八仙橋青年會岳軍之讌。是日主賓為煥章，同座有幼京、韻松、雲亭、寅村、鎔西、菊村及煥章隨員鄧仲知、郭春濤、黃少谷、鄧飛黃之類。午後二時散。

1 月 2 日　晴

晨起做動課。早餐後出訪煥章，又至岳軍處，未晤。午後岳軍來訪，又蔣雨岩來晤。傍晚厚生來談政治組織，又程遠帆夫婦來，未遇。晚至和姨家晚餐。

1 月 3 日　晴

晨起做動課。早餐後厚生、問漁、任之、克之、禦秋、鎔西、伯申、公權、曉圓等先後到，商定「公約」、「綱領」兩項。正午至青年會，赴楊樹莊、方聲濤、陳紹寬、陳季良諸人之約（是日讌煥章）。午後煥章來，借予處見客，有子良、仲知、冠民、之江、省三諸人。又聖禪由甬來告我介石情形。傍晚出訪張靜江，又至劉蘭江宅晚餐，同座有孔雯軒、蔣雨岩、范紹陔、馬雲亭等。

1月4日　晴

　　晨起做動課。早餐後曉圓、公權等九人又來繼續商定「組織草案」。正午在中社讌馮煥章。午後岳軍來傳示張漢卿來電堅邀赴平，乃商定覆電緩卻之。又文欽由江西來，擬邀伯樵赴贛擔任南昌市長，謂奉天翼主席命託予從旁勸駕等語。傍晚赴程頌雲宅及銀行公會兩處讌會，均係歡迎煥章，予在銀行公會演講，對於一黨專政略有批評，實亦為良心所驅使也，十時半歸寓。

1月5日　晴

　　晨起做動課。早餐後陳佑人由甯來晤。十一時殷鑄夫偕楊虎城之秘書長王菊人及參議王冲天來訪，又林烈敷來談赴贛事。午後煥章來借予寓見客。傍晚炎丈、和姨來晤，又君怡夫婦亦來訪，是日遇煥章秘書賀楚強（子堅，湘人）、高新亞（曾留俄中山大學）二人，均北大學生軍出身，又王義樫（式九，易縣人），聞亦為煥章幹部之一。

1月6日　晴

　　晨起做動課。早餐後至滄洲飯店送克之行，並與曉圓、厚生、禦秋談，歸寓後，亞農、岳軍、公權先後來訪。午後煥章來談剿匪事。傍晚靜芝、文欽來晤，文欽將返贛，靜芝將赴杭。

1月7日　晴雪

　　晨起見微雪，因昨晚北風所致，照常做動課。早餐

後暢卿、厚生、遠帆、垕身、寅村諸人先後來晤，寅村
對馮有顧慮，垕身對時局多煩悶，遠帆談調查財政事。
正午至匯中飯店午餐，與公權、克之談財委員秘書廳組
織事。午後朱騮先、凌壯華來談，朱談粵桂情形，凌談
見馮事。傍晚炎之、文欽來共晚餐。

1 月 8 日　晴

晨起做動課。早餐後君怡來晤，又理髮師來理髮，
又作書復熊天翼、劉礜潮及三哥函各一通。午後，出訪
賈焜庭談兩小時（賈將北返，彼寓北平老君堂九號）。
傍晚赴史量才宅晚餐，同座有朱子橋、熊秉三、黃任
之、趙厚生、張公權、查勉仲諸人，任之神經錯亂，不
知所云。嗚呼！知人之難也，十一時歸寓。

1 月 9 日　晴

晨起做動課。早餐後，出訪薛子良、李曉垣二人均
未遇，留片而返。傍午，曉圓來訪，謂聞煥章、協和等
有組織政團之議。午後作書寄寓鋒、篤臣、鼎三三人。
傍晚凌壯華來晤。

1 月 10 日　晴

晨起做動課。早餐後重光日使來談，蓋彼將於十二
號起程返國。又仰先來報告本月四號《民國日報》誤記
予之演說詞，跡近挑撥，可惡之至。傍午偕朱鐸民君訪
太炎表哥。午後偕君怡往看伯樵病，幸已起床。又至炎
丈宅晚餐，遇楊公荂君由北平來談，至十時歸寓。

1月11日　晴

【赴杭晤介】

晨起做動課。早餐後賈焜庭來談。又岳軍來函，出示介石打來兩電，約我赴杭一晤，并告我哲生到滬後擬赴奉化情形。傍午至煥章宅午餐，同座有秉三、俊人、協和、任潮、德鄰、海濱、凍臣（王茂功）諸人。午後三時赴梵王渡上車赴杭，車中遇雲亭談吳子玉、馮煥章、白健生各方面情形，彼將於明日赴湖州晤季陶云。晚八時半抵杭，寓西冷飯店，杭公安局長何雲來，知介尚未到，并知宋子文亦將於下班車到，想亦應介石之約而來也。

1月12日　晴

晨起做動課。又出外散步半小時，早餐時在飯廳遇譚伯羽，知陳誠（譚之妹婿）亦應介石約在杭，又作書致雲妹。傍午許靜芝來訪，同出至樓外樓午餐。午後歸寓小憩後，飭僕往邀青甫來談，傍晚別去。晚間何雲來晤（是日介石仍無到杭確息）。

1月13日　晴

晨起做動課。早餐後何局長雲親送來岳軍函一件（岳專差送杭），報告哲生等將不擇手段，金融界恐不免發生大動搖，當作書復之。又許靜芝來雜談。正午在飯廳遇宋子文共午餐。彼告我介石已起程來杭。午後三時半，正在孤山散步時見天空飛機越山而過，落於澄廬門前之湖面，知介石已到，乃即回寓。四時何雲來接，

偕往蔣莊晤面，談至六時一刻始別，對於外交、內政、
財政等項，均分別供獻意見。

1月14日　晴

晨起做動課。早餐後何雲來接至澄廬，在門口遇
王徵塋（惜寸），與之握手即入內，與介石共早茶，
談彼目下應取之態度與今後應留心新人才，未幾子文
來又談論哲生等最近有停止公債本息之議，及對外有
宣佈絕交之說，深為前途憂慮。至十時同出遊湖，子
文新買美國製 canoe 一隻，遂三人同棧至樓外樓登陸，
舟中介石頗多感嘆，謂國家情勢或將恢復至民國十三
年以前各方割據之原狀云，予謂外交、財政恐較十三
年以前更加危急，蓋欲以助進其反省之功也。正午在
西冷飯店門前握手作別，予遂雇車訪湛侯、蓬村、青
甫三人畢，乘午後二時車返滬，九時一刻岳軍來訪，
乃互告各方（滬、杭兩地聞見）情形，並與何敬之在
電話中商發表介石態度事。

1月15日　陰

晨起做動課。早餐後電邀厚生、公權來談話，對於
最近南京唯一之危險，主張所謂「對日絕交停付公債」
八字有所討論。午後暢卿來談，相對欷歔，頗多感喟。
傍晚至炎丈宅晚餐。

1月16日　晴

晨起做動課。早餐後乙黎由杭來，商對教次去留

事，又修直偕伯群來晤談。季良亦由甯來，均關心時局
而苦不得救濟之法。午後作書復楊予戒、喬耀漢、朱鋒
民三人，又吳世湘君來晤談，晚間至一品香出席聖約翰
大學同學會年會（會長俞鴻鈞來約），另有馬占山代表
韓立如（吉林人，留日帝大畢業）報告馬軍抗日作戰之
經過及今後之希望。十時歸寓。

1月17日　晴

晨起做動課。早餐後曉垣偕薛子良、鄧仲知、徐惟
烈（留美，季龍之姪）三人來晤，薛為煥章力闢謠。正
午偕伯樵及眷屬至精美軒小酌。午後君怡、炎之、仲
勛、亮才諸親友來談，至晚始別。

1月18日　陰

晨起做動課。早餐後公權、任之、厚生、問漁、鎔
西、伯申、曉圓諸來會，各報告關於時局上之聞見。又
修直來訪，由亦雲夫人代見（一、李荈侯奉命欲來見；
二、王伯群欲再來晤談）。午後鄧仲知來談，又至炎丈
宅談。晚間至趙竹老宅晚餐。

1月19日　陰

晨起做動課。早餐後子良攜煥章函由甯來晤談兩
小時。又墨正來談恭先已有覺悟，欲與介石再合，求
先容。又修直來談：（一）李荈侯奉子文之命欲來晤
談；（二）伯群欲再來交換對時局意見；（三）傳示
協和意思。又厚生偕克之來談財委會事。午後錦澤來

商續弦事。傍晚岳軍、曉垣來談馮對蔣關係，又炎之、仲勛來晤。

1 月 20 日　陰

晨起做動課。早餐後克之來談，又叔汀三哥由杭來談大姪轉校及錦甥婚事。午後仰先來晤。又修直偕李荊侯來談。晚間公權、克之來共晚餐并談財委會祕書廳組織事（擬請克之擔任祕長）。十時半散。

1 月 21 日　晴

晨起做動課。早餐後岳軍偕王維宙、劉敬輿二人來談東北外交事。正午赴吳鐵城宅午餐，午後平綏路局長曾廣勳來晤。晚間至岳軍宅晚餐。歸寓後，與公權、鎔西等談建設學會事，值至十二時始散。

1 月 22 日　陰

晨起做動課。早餐後劉菊村來談赴閩接洽孫連仲舊部事。又作書寄天翼、文欽、青甫三人，又復金止觀函。劉定五君來談馮事，從大局著眼主張相忍為治。傍晚季實來請同赴張宅晚餐。餐後又至炎丈宅談敘。是日介石著浙財長周枕琴親送來禮物賀舊歷年。

1 月 23 日　陰

晨起做動課。早餐後嵩雲姪偕錦澤甥來，即飭雲姪至職教社試驗，錦甥談定續弦事（與仲梅二兄之女）。午後至炎丈宅談敘。

1月24日　晴

　　晨起做動課。早餐後至岳軍宅遇余樵峰、葉楚傖、褚明誼諸人，商談日艦來壓迫、滬民抗日事，談至十二時半始偕岳軍同赴杏花樓與劉定五、楊暢卿商談蔣馮間結合辦法。午後三時歸。曉圓、伯樵在寓候，與曉圓談國難會議應取態度，又金問泗來訪，謂顧少川欲約期與我一晤。正談敘間，忽聞巨聲如爆炸，房屋大震、門窗自闢，後伯樵、岳軍相繼電告謂製造局搬運炸藥至浦江中失慎，傷人卅餘名，沿浦房屋傾榻不少云。傍晚熊秉三君來晤，知彼將北返，此老精神矍鑠，對國事亦有見解，談一小時別去。

1月25日　陰

　　晨起做動課。早餐後理髮師來理髮。午後厚生、問漁、任之、伯申、鎔西諸人來談國難會議事。晚間至史量才宅討論對付日人壓迫上海辦法。在座有秉三、子橋、君勱、任之、彬龢、叔雍、藕初、行嚴、鎔西、曉圓、綬金、慧僧諸人，至深夜始散。嗚呼！弱者不自承其弱，連續向強者挑戰，今強盜以獰貌相臨，又互相推諉、咀罵、迴避，醜態固畢露，危險亦云極矣。

1月26日　陰

　　晨起做動課。早餐後至張靜江宅晤靜江、溥泉、敬之、覺生、孟餘、鐵城、岳軍諸人，討論京滬局勢。傍午歸，任之偕君勱來訪談。（君勱由北平來，彼正熱於組織，聞有國家社會黨首領之稱）。午後學生羅馭雄來

晤。傍晚赴炎丈宅晚餐。餐後又至岳軍宅商議應付外侮
事，在座有鐵城、鴻鈞、亦農、量才、任之、敬之等，
十二時歸寓。

1 月 27 日　晴

　　晨起做動課。早餐後李實、君怡、曉圓諸先後來
晤。傍午鴻鈞、亦農來出示豫備覆日稿件。午後，岳軍
來電話，謂應召赴甯一、二日歸，又暢卿來談時局，對
此種嚴重絕症實皆束手無策。晚間吳鐵城、俞鴻鈞、殷
亦農、虞洽卿、王曉籟等又來商對日辦法。嗚呼！兵臨
城下，負責無人。

1 月 28 日　晴

　　晨起做動課。早餐後傑才、伯樵、曉圓等先後來
晤，知時局益形嚴重。午後季實來報告各處已經戒嚴，
匯山碼頭日兵正在登陸等語。又蘭兒來電話謂接義舫電
話知日領館中，本晨有人擲炸彈，形勢極為險惡。外孫
三人又均染恙。公權來電話報告謂市府覆牒已送出，全
部屈服。日來險惡形勢雖告一段落，然真無顏做人矣等
語。聞之傷感欲死。

1 月 29 日　晨大霧十時晴

　　晨起做動課。早餐後因昨夜日軍背信攻擊閘北，砲
火終夜，幸十九路軍死力抵抗，而終夜電話不息，故予
與予妻均未成寐。午前有人來報告戰況（季實、伯樵
等）。傍午至岳軍宅與鐵城、庸之、暢卿等商議應付方

法。正午至惠中飯店與岳軍、公權敘餐，并商財政，蓋
南京有請岳軍擔任財政之議，岳軍素拘職守，在日軍飛
機翱翔頭頂、砲聲連震耳鼓之中談此事，午後四時半
散。至範園與張君勱談話，傍晚歸。晚間伯樵來談雙方
約定，九時起暫停戰。

1月30日　晴

晨起做動課。早餐後出訪薛子良談馮蔣合作，并勸
應再進一步注意民意事。又至岳軍宅遇公權、鐵城、庸
之、朱光沐（秀峰）、殷亦農諸人，又商應付辦法，由
鐵城電甯請示。午後蘭兒來報告法界內日僑均遷避文化
事務所。又伯樵視察戰線歸來，報告戰地實況。傍晚厚
生來電，謂至法華晤軍事當局，知後備尚充分，稍覺安
慰。晚餐後，伯樵又來報告各方情形。

1月31日　晴

晨起做動課。早餐後至公餘社應鐵城之召，遇稚
暉、庸之、杏佛、陳季良、虞洽卿、岳軍、亦農、少川
諸人談，悉鐵城正在英領（白利南）公館會同美領（克
甯漢）與日領（村井）及日司令（鹽澤），并我方區壽
年師長開會議，傍午始散。由鐵城來公餘社報告，謂英
領提議日軍退原防，我軍退淞滬路線西二千米突，另由
中立軍隊派往維持秩序，并謂此案須徵求英、美防軍司
令同意後再定，故約定午後三時再開會云。鐵城并商昨
晚甯電，囑在滬組織機關（中央委會、國民政府聯合駐
滬辦事處），已派定九人，出示名單，知分四組，曰外

交、軍事、財政、政務，而予與少川任外交，予即告鐵城不必有此組織，仍以國民天職來幫忙等語。午後四時，至庸之宅會談，遇靜江、明誼二君，新由甯乘船到滬（因北站已燬，滬甯鐵路交通已斷），述國府遷洛辦公決議之經過甚詳。六時半，鐵城由英領館歸，述第二度會議經過，知決定停戰三天，由日領請示政府（用中立軍隊調防之法），并知開會時，鹽澤極失態，英領頗公允，在座有蔣光鼐提議戰區內人民應設法令其搬出，由市政府辦理，議畢即庸之宅晚餐。餐後，庸之等赴孫哲生宅，聞彼等亦有會議，係孫科、程潛、薛篤弼、甘乃光等九人，以中央委員名義連名發起，請九人外之在滬中委如靜江、稚暉、庸之、岳軍、鐵城之類，開中央委員會議也。

2月1日　晴

【嗚乎人之無良一至于此】

晨起做動課。早餐後赴岳軍宅會議，有靜江、明誼、庸之、鐵城、少川、亦農諸人，互相報告消息，復議決重光已新由日返滬，推予與岳軍、公權三人往晤，探明日政府意志後討論滬事，中午始散。午後四時，予與岳軍至外灘惠中飯店 Palace Hotel 420 號（公權所定房間）等候，未幾，重光偕林出到，逾半小時公權亦到，所談要點如左：（1）日無派陸軍來滬之意；（2）陸戰隊係臨時性質，並無永久佔領之意；（3）日政府對國會提出之臨時軍費不過二千萬圓；（4）日人不願第三者居間，故中立軍隊調防之說，恐難做到。公權乃以萬國商團調防之說進，重光語塞，允與軍事當局商後再答，七時散。

及至靜江宅會議，即在靜江宅晚餐，由鐵城、亦農、少川及予各報告奔走經過，最後庸之報告與哲生談判經過，知昨晚孫宅之發起中央委員會議，本擬在滬組織臨時政府，并詆遷洛辦公，謂倉皇出奔。又詆卅一日電中發表之十九人，完全為蔣、汪兩派中人等等不堪入耳之言。國難至此，猶作是言，後經明誼、鐵城、庸之解說後，孫始允不組政府，改為「中央委員駐滬辦事處」，取消卅一日電內之所謂中央委員會、國民政府聯合辦事處。已推定常務委員七人，孫科為主席，下有薛子良、孔庸之、程頌雲等諸人，常委下分設五委員會，曰軍事、外交、財政、民眾運動、宣傳，每委員會各設正副主任，下置委員若干名，軍事主任正陳銘樞、副程

潛；外交主任正陳友仁、副吳鐵城；財政主任正孔庸
之、副杜月笙；此外民眾運動及宣傳二會。

予聞之，不覺心痛欲裂，遂不顧一切，正色起立發
言曰：予個人在山念佛作僧已四年，此次在飛機之下、
砲火之中奔走者，無非因國難臨頭，凡屬國民均應各盡
其天職而已。連日在途中見無數難民扶老攜幼，慘不
忍覩，上海各界因黨治成績如此，義憤不可遏，紛紛組
織團體反對國民黨，予等方四方疏通，值至昨午，始得
到一致對外，擁護黨政府，暫不算舊賬之結果。今諸公
猶赤裸裸的以中央委員自居，猶赤裸裸的欲以中央委員相
號召，猶赤裸裸的欲以此一部份之中央委員，反對彼一
部份之中央委員，叔室全無心肝，不謂竟至於此。予敢
正告諸君，亡國以後，無人能免。諸君力勸孫科稍留餘
地以見國人取消此議，否則，予必不加入，然亦決不鼓
動反對以顧大局。惟事平以後，予必全盤託出。語畢，
稚暉先生連讀兩句四書曰：「丹朱子不肖，舜之子亦不
肖」，蓋亦深有同感（是日南京日艦亦開始砲擊）。

2月2日　晴

晨起做動課。早餐後克之來報告子良欲運動梁冠英
來與十九路軍共同作戰，又任之來報告連日在社會方面
努力之經過，予囑其多注力於救濟難民。午後聞日政府
拒絕中立軍隊調防之電令已到，故於二時起又砲聲隆隆
矣。傍晚厚生來晤，晚餐後岳軍來談，予出日間所起電
稿示之，蓋欲其拍發洛陽，尚希望其能小得便宜，即轉
圜也。岳軍因昨晚予大怒，特來安慰，并有「國家鬧到

只種地步，你是念佛四年，當然無責任可言，我卻不能
不負相當責任」之語。

2月3日　陰

　　晨起做動課。早餐後劉崇傑來報告與船津談論經
過。又曉圓來討論國際外交趨勢，似偏於樂觀，因彼見
報載英、美注意四國對滬案已有共同表示故也。然予仍
恐日不能逞於租界側者，必將逞於租界外矣，姑觀其後
以驗之。午後仰先來談。傍晚墨正來電，謂聞吳淞方面
砲戰甚劇云。

2月4日　雨夾雪花

　　晨起做動課。早餐後君怡來商局務半小時去，是晨
六時，即聞砲聲甚近且密。九時厚生、克之來訪，十時
赴岳軍宅會議，有鐵城、庸之、少川、明誼等在座，討
論美國致中日照會。午後再赴岳軍宅晤雨岩，知彼偕子
文、復初由甯至蘇，經水道繞嘉興乘車由南站到滬，并
述悉臨行前一夜，在湯山幾乎遇險（湯山守兵一連變，
大刼而散）。嗚呼！日兵正在磨拳擦掌，大肆屠戮而中
國兵在此國家危急存亡之際，作此勾當，天下痛心事殆
莫有過於此者。傍晚，劉定五來岳宅會晤，滿口權利、
滿口蔣馮合作條件、滿口說明我所痛恨之外交委員乃馮
所提出，至六時半，予不耐煩乃託詞先別歸寓。

2月5日　陰

　　晨起做動課。早餐後赴岳軍宅與岳軍、雨岩討論復

蔣電稿（蔣有電囑岳赴蚌埠晤精衛、鈞任，商議對日方
針及對策，且交雨岩帶到日文意見書一冊來滬，視其內
容似係坂西之件，交由陳公俠轉遞者）。結果復電，岳
不能去，又在岳宅晤亦農，知日陸軍已出動，將於二、
三日內抵滬。傍午歸寓。午後林季良來訪，囑往晤陳季
良，告以海軍應有所努力，最少在情報上當可分擔一些
任務。傍晚至炎丈宅晚飯（是日函致闓謠）。

2 月 6 日　晴

【壬申元旦】

晨起做動課。早餐後聞民間爆竹之聲甚盛，敵飛機
上翔，敵機聲與爆竹聲交鬧於天空。十時半，金問泗來
晤，又伯樵、傑才各來報告聞見。傍午岳軍、公權來共
午餐，談財政金融情形，午後三時別去。

2 月 7 日　雨

晨起做動課。早餐後君怡、曉圓先後來晤。午後修
直來帶到警報一張，又造謠謂我奉蔣命求諒於東京，竊
思予山居四載不聞政治，南京、東京更無予之踪跡，此
說從何而來？乃亦作書闢之。傍晚震修來談，彼謂河塞
山禿地瘠民劣，決無立國之理，際此國難，祇能作「此
身已死，今日之我非生前之我，乃死後之我」想，并作
「此死後之我，乃寄居上海租界之一華僑」想。嗚呼！
痛矣。又岳軍來商電稿，予勸不發（致蔣調陳時局）。

2月8日　雨

晨起做動課。早餐後閱報知日軍變更新戰略，昨日猛攻吳淞，故閘北方面未聞槍砲之聲。午後閘北砲聲又起，似係陸砲。四時，仲蘇來訪。

2月9日　雨

晨起做動課。早餐後克之來商赴濟并傳述公權意見，對上海市豫設參事會辦法，又湯德民、沈立孫先後來談。午後曉圓來告《大華晚報》又造謠傷人，乃邀炎丈、修直等商定，再作一函更正（原函另存），又薛子良來晤。

2月10日　晴

晨起做動課。早餐後君怡來報告戰況，又理髮師來理髮。傍午厚生、任之來談時局，任之似稍有感受，不如從前之興奮，共午餐後別去。午後暢卿來談，又金國珍來報告赴真茹聞見。傍晚至岳軍宅晤公權，商談時局，晚間伯樵來晤談。

2月11日　晴

晨起做動課。早餐後周亮才來談敍，又作書復文欽、性靈兩人。午後計仰先來談，又至捷盛藥房購藥，但見滿街難民，店鋪盡上鐵門（留一小門出入），法兵陳列一坦克車於途中以備緩急，然其對面空地中則有山東人之玩權術者，正在試演大刀、長苗（茅），圍而觀者數百人，兩面人行道依然有賣花燈之攤不少，蓋是日

為陰歷元月六日，依然每年元宵節前後之景象。

2月12日　陰

【父親忌辰，陰歷正月七日】

　　晨起做動課。早餐後豫備祭祀，因是日為父親忌辰，將設酒跪祭也。是日由英商團司令皮而少校發起，由晨八時至正午十二時停戰，以便萬國商團及紅十字會等入戰區救出無衣無食之難民，故平靜無槍砲聲（據說紅十字會在戰區時，中國軍隊仍開槍云云）。傍午君怡來共午餐。午後公權來談，謂子文約集金融界人商財政，恐將採取「發行新債換舊債之策」（減低利息，延長年限）。晚間君怡來電報告本日戰況。

2月13日　雨

　　晨起做動課。早餐後厚生來電謂真茹軍部已移南翔，似亦不過一種準備之意，又予妻赴宏恩醫院視蘭兒，因蘭兒在該院為其二女芳治耳疾（開刀），聞砲聲心甚不安故也。傍午赴岳軍宅討論時局，而因岳得介石電將於下午出發，繞道杭州赴浦口晤蔣，適孔庸之亦在座，知彼亦被邀同往，而介石之環境終未能另展新局面，前途實至悲觀也。午後赴巍舅宅賀壽（因國難中毫無儀式），又至職教社參加國難會議留滬會員之談話會，到約卅餘人，臨時主席為鎔西，予到時任之正滔滔的大演說，予坐聽一小時。

2月14日　晴

晨起做動課。是晨雙方砲戰約兩小時。早餐後君怡來晤，又遠帆夫人來募傷兵被褥捐，予妻捐洋百元。午後仲蘇來報告謂北部有假充主席，下設軍務、政務兩院之醞釀。而十九路軍內容有蔣、蔡不和之謠傳等語。

2月15日　晴

晨起做動課。早餐後仰先、鑄夫、厚生、克之、曉圓先後來談，厚生將往鎮江參預江蘇省組織保衛團事。午後但怒剛來謂英、美軍艦有助彈於我軍消息，恐係齊東野人所傳，不足信也。晚間殷亦農來告我，連日在日方聞見，知日方軍已調齊，態度轉強，而何敬之派來之王俊奔走多日，未得要領等語。

2月16日　晴

晨起做動課。早餐後電炎丈託代打聽日法關係，知法租界當局依然嚴守中位。傍午往訪張靜江，彼主戰甚力，并不信物質有多大效力，可以戰鬥精神克之。

2月17日　晴

晨起達齋來訪，知前託「代葉錫洛匯存款」事已辦妥，當即繕函致葉，請伊往取。早餐後出訪曉圓。傍午至堯之宅午餐，同座有鎔西、公權、伯申、厚生、曉圓諸人（討論上海戰局、國難會議、上海市善後傷兵撫恤及宣講對內不再戰主義、公債及財政、市參事會諸問題）。

2 月 18 日　晴

晨起做動課。早餐後仰先、若飛二君先後來談，又作書復乙藜、耀漢、壯華、寅鋒四人。午後出訪彭凌霄未遇。傍晚亦農來報告本晨九時至十一時在楓林橋日本所設之文化事務局，內由英使藍溥森之提議，雙方軍事當局各派參謀長會面。日方派田代少將，我方派范其務參謀長（十九路軍），各帶隨員、譯員若干名，談判兩小時。日方提出條件甚苛，無法承受（共五條，見十九日各報），決裂而散，并謂本晚將按照所談五點提出哀的美敦書云。又厚生來辭行，謂將於明晨繞道赴鎮江，參預省政府召集之保衛團會議。

2 月 19 日　晴

晨起做動課。早餐後赴暢卿宅談論時局。傍午歸，曉圓在宅候，主張「時局愈糾紛，內必須愈鎮定」等語。午後修直來談，出示孟魯致吳子玉電稿兩通，傍晚亦農來報告我國覆日方文之內容。晚間君怡來，抄示覆文原稿，知大戰已無法避免，惟有眾下決心，死中求生而已。

2 月 20 日　晴

晨起做動課。早餐後砲聲隆隆、飛機碟碟，蓋兩軍已十分決心開始大戰矣。午後得岳軍電話，知已由甯歸來，急乘車赴岳宅，談悉與中央連日接洽經過及決定對外大計，然亦須視形勢之推演如何以為斷耳。

2月21日　晴

晨起做動課。早餐後震修來告，對田中談話之要領及英、美人士之觀感，對時局反抱樂觀。又公權來商改良《時事新報》及完成一健全之輿論機關事，予允考慮後再答。午後曉圓來談（又昨夜十時至十二時之間，重砲聲極猛烈，予屋非常震動，今日知此砲乃我軍之砲，安置在麥根路附近等語，并知昨日全線劇戰終日，我軍頗能奮戰，極佔優勢）。

2月22日　晴

晨起因右腳紅腫，除床上運動外，停止動課一天（太極拳與柔軟體操）。早餐後沈立孫來談敘。午後君怡來報告前方戰況大利，晚間伯樵亦來告戰勝情形。

2月23日　晴

晨起做動課。早餐後君怡來與之談後方佈置事務，又赴岳軍處商議對英、美外交決策，岳主張在滬先試探英、美兩使意旨，再入京詳商。即在岳宅午飯，午後偕訪周恭先君談半小時歸寓，修直在寓候焉。出示吳子玉致李孟魯君原電。傍晚炎丈、和姨來談敘，商量上海治安問題。

2月24日　陰

晨起做動課。早餐後作書復沈志萬。傍午赴匯中飯店午餐，與張公權等商議輿論指導問題（《時事》、《大陸》各報組織），又交換對英、美外交意見（同座

有張竹坪、董顯光、徐新六等），談至午後四時半歸
寓，則李曉圓、張岳軍、楊暢卿諸君在寓候焉，繼續討
論外交、內政各形勢至七點半散。晚間君怡來出示戰地
照片多張。

2 月 25 日　晴

晨起做動課。早餐後作書復趙才標（寄美國），又
理髮師來理髮。傍午殷亦農君來，與之討論日本增援部
隊之最大限額。午後曉圓來談，謂擬日內北返一次，予
乃電岳軍請伊助費若干，岳允即送（曉圓極貧，此為
彼完成人格之一大要點，年來安於極單簡之生活，故舊
友咸樂出資助之）。伯樵夫婦來告戰況異常緊迫，今晚
將冒大險來解圍，不知能成功否，言下頗現憂慮焦急之
色，并知伯樵夫人將於明日赴紹。

2 月 26 日　晴

昨晚十一時後，砲聲極密，故本晨起床較遲，除床
上運動外未及做全動課。早餐後達齋來告彼夫人將赴杭
避難，惟聞杭省政府豫備遷衢，是杭地亦非完全安全地
帶也。午後伯樵電告，謂昨晚冒險作戰之說未經實施，
因戰況佳，重圍已解之故，予心為之稍安。又偕予妻出
訪殷鑄夫夫婦，在殷宅遇蕭叔宣之弟（在日留學陸大，
新由日歸）述日本國內近情較詳。又訪岳軍，予妻留岳
宅晚餐，予赴銀行公會應張竹平之召，同座有夏小芳、
董顯光、潘公弼、張公權、徐新六諸人，商談輿論指導
事，十時歸。

2月27日　晴

晨起做動課。早餐後達齋為我送款來，又徐季實來商遷避事，予囑其先訪楊逸才派人至山視察情形。蘭兒亦來商上海治安問題，予允必要時可與之同赴山小住，彼甚安慰。午後炎丈、和姨來談，謂從病院慰問傷兵歸來，又曉圓來談，謂決定廿九日北行，彼并力勸我往外旅行，藉覓工作，較之坐守圍城有益大局多多。

2月28日　晴

晨起做動課。早餐後君怡來告聞見，又曉圓來辭行。午後文欽由江西來述該省共產黨情形，與抽調軍隊來滬助戰大有連帶關係，故奉命到京陳述，順道來滬視察等語。晚間，赴炎丈宅晚餐。

2月29日　晴

【敵飛機炸彈中之碎片】

晨起做動課。早餐後文欽來商安置眷屬問題，未能即決。又厚生由鎮江歸來，談在崑山、南翔一帶所見，後方兵站之缺點甚多，戰後似當注意訓練也（車站長包在內）。午後赴岳軍宅閒談，暢卿亦在座，岳出示伯誠來電一通，知李任潮之北行及伯誠之趕往，依然是各派暗鬥作用，國難至此，除束手待斃之小百姓叫苦連天外，誰其真覺悟耶。晚間伯樵送來敵飛機炸彈上之鋼片數枚，予保存之以作紀念。

3月1日　晴

晨起做動課。早餐後文欽來告奮勇願重出擔任上海警務，予嘉其忠勇，允為試探吳鐵城市長。午後暢卿來晤，即與之談文欽事（暢與吳善），暢允代問鐵城探詢。

3月2日　晴

晨起做動課。早餐後得伯樵電話，知戰局已大變動。昨日午後敵在瀏河上陸後，路被截不能不退等語。又君怡、亦農亦先後來報告情況。正午赴岳軍宅商議，同座有少川、鐵城、庸之諸人，午後歸寓。修直來晤談半小時去（瀏河宜注意，予說過十餘次，今不幸事已至此，尚有何說）。晚間得文欽電話報告，謂瀏河上陸之敵被我軍四兵包圍等語，不知確否。

3月3日　晴

晨起做動課。早餐後文欽、仰先、逸才等先後來談，又作書復亞農。午後岳來談，又厚生來報告鎮江日艦長登陸購錶，幾兆巨禍事件。晚間炎丈、岳軍先後來告播音台中所聞知日本擬提六條，酷毒萬狀，無承受也，然前方卻已停戰矣（自下午二時半日司令下令起），打足卅五天戰事。

3月4日　晴

【五十三歲初度，是日有詞一首答去歲生日景英夫人依滿江紅律填詞一闋】

　　晨起做動課。早餐後達齋、叔明、廉白、文欽、伯
樵、岳軍、修直、仰先、傑才諸人先後來訪，因是日為
陰歷正月廿八日，乃予五十三歲初度之辰，諸友因國事
正艱，不宜正式賀壽之儀，特來談談，藉示不忘，至可
感也。午後出訪文詒雲、湯慶旺二人，傍晚赴銀行公會
張竹平之約，而八時左右爆竹之聲狂起，初疑槍聲，繼
知國人誤信日大將白川陣亡之謠而行慶祝，然燃放爆竹
至二小時之久，秩序全亂，且聞有人從中運動，有打倒
資本家口號。故歸時在法界大馬路一帶異常危險，民眾
沸湧如山海，外兵嚴陣以待，予車在兩旁爆竹夾擊，遊
行示威車橫衝撞之際，冒險經過六七里之遙。

　　五十三年，在人世，穿衣食粟，轉瞬又春回大地，
柳花飛逐。色相相同非舊物，輪迴常轉無新軸，且糊塗
閉戶試新茗，吞千斛。

　　庭前樹，常年綠，門外水，同流俗，喜明窗有伴，
可調絲竹。若欲足時今足矣，以為未足何時足，願與君
共白少年頭，焚香讀。

3月5日　晴

　　【長期抵抗之理論】

　　晨起做動課。早餐後寅村、文欽、逸農、君怡先後
來訪，又作書復潘若飛。午後至炎丈宅談敘，又厚生來
談，予與之說明長期抵抗之理論（即抵抗分物質抵抗與
心理抵抗兩層。物質抵抗，中國事事落後，萬不能長
期以原始人類血肉的肢體，與新時代種種殺人利器相搏
激，故惟有心理抵抗始能持久而取最後之勝利）。厚生

深以為然，充照此旨草文露佈。

3月6日　陰

　　晨起做動課。早餐後達齋、季實、鐸民、凌霄先後來訪。午後岳軍、暢卿來談，岳軍偏於情感，專就介石個人打算，予則請其進一步注意國家前途。

3月7日　晴

　　晨起做動課。早餐後任之、公權、克之、厚生、鎔西諸君來討論時局，任之又放言訓人，滿座不歡，足見論政之不易，直至正午始散。午後墨正來談杭州情形，傍晚君怡來與之談市府前途，及彼個人進退問題。

3月8日　晴

　　晨起做動課。早餐後沈立孫、劉厚生、趙厚生先後來談。午後岳軍來告暢卿丁母憂，乃偕往慰問，在車中岳告我彼將於明晨與松岡洋右會晤等語。

3月9日　雨夾雹

　　晨起做動課。早餐後橘三郎來談，并帶來海軍中將八角三郎名片一張，謂松岡與八角均欲見我，予緩卻之。予以德奧戰為例，希望日本有俾士麥其人。嗚呼！國民外交乎！弱者之聲乎！可憐可嘆。又藍軍恆由九江來晤，午後程遠帆夫婦來訪，又錢階平新由俄歸，述俄情與莫德惠在俄情況甚詳。

3月10日　晴

晨起做動課。早餐後岳軍來晤談，昨晨與松岡洋右，今晨與八角三郎會談經過，又告我震修對岳提出大膽的外交方針，目下主張紛歧，予囑其慎重。午後炎丈來晤。

3月11日　晴

晨起做動課。早餐後君怡、伯樵來商建議市府文，又墨正將赴杭來辭行，予託以嵩雲姪補課及物色一辦農村小學人員兩事。傍午理髮師來理髮，午後蘭兒來晤。傍晚赴銀行公會晚餐，同座有徐振飛、張公權、張竹坪、汪寅賓、潘公弼、董顯光、鄭耀南、朱賡石諸人，商議《大陸報》、《時事新報》、《大晚報》、《申報》、申時通訊社諸言論機關統一經營辦法，座中被公推予為言論組主任，堅辭未獲允，以一月為期，散已九時半。

3月12日　晴

晨起做動課。早餐後君怡來報告市府商議改善事，又修直來訪：（一）代李孟曾帶來吳子玉原電一通，內有對予託代轉為致意之語；（二）代陶心如來約期會見，商外交及國難會議事，又作書復青甫。午後偕予妻帶真兒赴炎丈宅種牛痘。

3月13日　下午春雪

晨起做動課。早餐後何克之來談，謂馮在徐州入病

院，并有被扣之謠。又張竹平來討論報務進行事宜，予
為之說明大概情形，并略述予之地位僅能在背後盡「供
獻意見」之有限責任，彼似得諒解而去。午後出訪岳
軍，陳述對「國際調查團」歡迎時應注意各點，適史量
才、吳鐵城、王曉籟等先後到張宅，史允將予意代達顧
少川接洽，傍晚歸。

3 月 14 日　雪後陰晴相間

晨起做動課。早餐後蘭兒帶第二外孫女芳來，予自
去歲十月五日下山已將半載，蘭兒帶小孩來謁，此為第
一次。又作書復亞農。午後任之來電話，商議國難會議
提案事，約於明晚在史宅集議。

3 月 15 日　晴

晨起做動課。早餐後和姨來電約往遊浦東，因另約
客未能離寓，故未去。九時君怡來陳述意見主張予應下
決心赴會，對國難有所建議。十時劉菊村來報告赴閩經
過，及在閩聞見。正午偕眷屬及伯樵夫婦同至四馬路
四如春午餐之後，至永安公司購煙，歸寓後與伯樵等雜
談，至傍晚始散。晚間八時至史量才宅討論國難會議提
案事，到者有鎔西、任之、藕初、新之及予與量才六
人，討論至十一時始散，但仍未決定。

3 月 16 日　晴

晨起做動課。早餐後作書復爾和與仲蓀二人，午後
岳軍來晤，知恭先竟至於賣國，因組織東南自衛軍，事

破避入日本旅館，并在郵局查出有人致「田隆吉」一
函，報告所謀失敗事（查日武官中有名田中隆吉者）。

3 月 17 日　晴

晨起做動課。早餐後程蓮士由甯來晤。午後作書復
曉圓，又文欽夫人偕廉白夫人來告，謂廉白在甯被捕，
押在憲兵司令部，堅求電援。予因近來人心險詐，未明
真相以前未便昧昧然發電，鑒於最近之周恭先事件，尤
使人不敢發動熱心，乃託岳軍先電谷正倫司令，詢明真
相後再議。

3 月 18 日　晴

晨起做動課。早餐後赴中國銀行與公權談：（一）
時事新報事，（二）國難會議事，（三）編遣庫券抵押
事。談畢，至南京路購烟而歸。正午伯樵夫婦送饅頭來
共午餐，午後炎丈、和姨來談敘。傍晚嵩雲姪由杭來，
晚間赴銀行公會徐新六君之讌。

3 月 19 日　晴

晨起做動課。早餐後教訓嵩雲姪，責伊遇事須謹慎
謙恭，不可鹵莽滅裂，孤行己意，又電任之託伊查詢職
業學校開學事。

3 月 20 日　晴

晨起做動課。早餐後修直偕陶心如君來談內政、外
交意見，陶早年已六十四，髮黑顏潤，似不及五十歲

者，聞其養生法全得力於午後不再進飲食云。午後在庭
園內澆花木以代運動。

3 月 21 日　晴

晨起做動課。早餐後仰先、芰舲、傑才、亦農諸人
先後來訪，又訓嵩雲姪一番，囑其回杭補課。午後出外
散步，並順道訪岳軍未遇。傍晚至炎宅晚餐。

3 月 22 日　晴

晨起做動課。早餐後孔夫來訪予妻，安慰之。午後
整理物品，豫備裝運上山，又鄭遠安木工由山來述及在
山被難人數約有二十餘戶（閘北方面），靜江亦在山渡
陰歷年云。

3 月 23 日　晴

晨起做動課。早餐後亦農來報告停戰會，經中外
兩方無數方面之努力，本定今晨開正式會議，而蔣光
鼐等忽於昨日藉口，謂日方軍事代表派植田而不由白
川自任，故蔣亦不願出席而離滬等語。予聞之甚急，
覺此事間不容髮，乃電告岳軍請其注意，從速彌縫，
然岳軍亦處於無可如何之地位，惟有互相浩嘆而已。
午後作書寄劉菊村、馬伯援二人（馬在鄉辦合作社，
其通信紙上刻有「相友相助相扶持，自衛自治自經營」
二語，真是適要標語）。又赴岳軍宅與坂西談話，此
人老奸巨滑，令我不能不聯想彼在北平時之助手土肥
原，今日在東北所為何事，然國家處此困難境地，又

不能不勉予週旋，苦極苦極。

3月24日　晴

　　晨起做動課。早餐後君怡來談，予視其興奮過渡，
鎔西來談國難會議事，至正午始別。午後復陶星如一
函、李協和一電，此函電均交陶宅來使帶回，不料半小
時後陶使復至，謂該函電中途遺失，哀求重寫一通以便
回向主人報命，甚矣，為事之不可不慎也。幸該函電內
均係坦坦白白之公事，敘述毫無隱秘之必要，否則為拾
者揭穿，則糾紛立起矣，一般國民浮躁輕率言行，均不
知慎，國家前途真不堪設想。

3月25日　晴

　　晨起做動課。早餐後遠帆、季良、修直、季實先後
來晤，各談聞見。又作書復馮若飛謝其代擬楊暢卿兄之
太夫人〈象贊〉。午後任之、問漁來訪，商議提前開會
事。傍晚至大陸報館參預討論立言方針，七時散歸寓。

3月26日　晴

　　晨起做動課。早餐後作書復張敬純，又為書楊暢
卿兄之太夫人親顯〈象贊〉一張。傍午蘭兒率第二外
孫女來晤，共午飯後別去。午後赴朱宅會晤湛侯、仲
勛二人，彼等由杭來，昨日來訪，適予外出未晤，故
今答訪之。

3 月 27 日　晴

晨起做動課。早餐後理髮師來理髮，傍午炎丈來邀往南京路「馬賽」飯店午餐，同座有兩家眷屬及小孩，并仲勛、湛侯。

3 月 28 日　晴

晨起做動課。早餐後問漁、任之、鎔西、公權諸人來討論時局，正午始散。午後作書復愛理、厚生，又王長春來報告日方政情。

3 月 29 日　陰

晨起做動課。早餐後岳軍應蔣召由杭歸來，述此行經過：（一）蔣對外交不樂觀，似竭力為軍事準備（且信持久後，日美間不久當有問題，謂此消息得自日本）；（二）對內政甚冷淡，且勸予不必出席國難會議，又洪芰齡來晤，此人在教育界多年，與之雜談教育甚為得益。午後作書復曉圓、震修。晚間君怡來談青年界，頗有感覺組織之必要。

3 月 30 日　陰

晨起做動課。早餐後湯愛理來談。午後仲勛、炎之來晤。

3月31日　晴

晨起做動課。早餐後赴岳軍宅談話，知停戰會議及坂西主張之內容，即在岳宅午餐。午後歸寓，整理書籍。

4 月 1 日　晴

晨起做動課。早餐後君怡、立孫來晤，午後回訪劉厚生未遇，又訪公權於中國銀行，並晤唐有壬，知彼對國民黨之最近觀察亦頗有不滿之點，傍晚至《大陸報》遇夏奇峰，七時回寓晚餐。

4 月 2 日　晴

晨起做動課。早餐後修直來談，又同訪陶星如，傍午歸，蘭兒挈其大、二、三三外孫女在寓同午餐。

4 月 3 日　雨

晨起做動課。早餐後厚生由鎮江來敘，克之由賓來（公權同來），謂將赴皖就新任（財廳長）。又鎔西來徵求同意署名發電政府，說明不赴國難會議之理由，予允考慮後再答復。午後胃氣沖胸，甚覺不適，在前後園急步兩小時後始舒適，故午後陶冶公來訪未能晤。

4 月 4 日　晴

晨起做動課。早餐後朱達齋來，託其代辦：（一）致函理源商津屋事；（二）叫旅行社來運送物件上山；（三）詢問市銀行內容，談半小時別去。又作復寄張寓鋒、徐青甫二人。又出訪岳軍，並購蜂蜜而歸。午後金問泗來辭行（彼將赴北平），謂有東三省委任統治消息，又岳軍來談，謂汪精衛來滬與孫哲生談判未妥等語。傍晚克之、厚生、鎔西、公權、任之、問漁等先後到，共晚餐并討論時局。

4月5日　晴

晨起做動課。早餐後作書寄管山屋人李騰芳。午後克之、君怡先後來談。

4月6日　晴

晨起做動課。早餐後湯德民偕楊清源（南匯人，上海市黨部執行委員）來訪，又作書寄志萬、叔汀二人。午後伯樵、炎之來談敘，晚間岳軍來出示坂西意見，但覺可氣可憐而已。

4月7日　陰

晨起做動課。早餐後汪翊唐將赴東三省視察（奉中國銀行命），來商行止。又劉厚生來談北部組織及國防工業事，午後岳軍、炎之來敘。

4月8日　晴

晨起做動課。早餐後出訪周作民於金城銀行未遇，乃訪岳軍，在岳宅遇邵元冲談遊華山經過，及彼對西北之觀感。邵去後，與岳談黨之改組法，政之應付法，軍之整頓法（因彼將於本晚赴甯，希望其對介石痛切陳詞也）。并及於社會方面，仿辛亥予所倡議之春旭社辦法，物色有專識之青年從事實際研究及調查工作，談至正午始歸。午後偕夫人出外購物，又作書復亞農、張鏡心、仲勛三人，五時至大陸報開會。晚飯後至岳宅送其老太太返川之行，在岳宅遇俞鴻鈞，九時歸。

4 月 9 日　晴

晨起做動課。早餐後伯樵來談農村教育事，又橘三郎偕松岡洋右來談停戰會議情形。午後電邀吳鐵城市長來，告以松岡所談，請轉達當局藉資參考。又墨正由杭來報告嵩雲姪補習英、算、國文情形。

4 月 10 日　陰

晨起做動課。早餐後石曾、元冲先後來談互助理論。又理髮師來理髮。傍午伯樵、炎之、君怡三對夫婦來共午餐，午後雜談，并分別託伯樵、炎之、君怡等辦理予上山後雜務。

4 月 11 日　雨

晨起做動課。早餐後整理行李，并至金城及中國兩行辦理財務，在中國銀行與公權、任之談和議及國防協會事，正午始歸。午後亦農來報告和會停頓實情，鋒民來談組織週刊事，志萬來說明不能赴皖事。蘭兒來商遊歐事，君怡來談物色人材事。晚間伯樵來，託伊代定日報三份寄出，又沐浴後入寢。

4 月 12 日　晴

晨起做動課。早餐後赴南站乘車赴杭，君怡、炎之、季實、達齋來送。午後二時半到杭州，公安局長何雲來接，即至西冷飯店下榻，傍晚至孤山散步一週。

4月13日　陰

　　晨起做動課。早餐後乘船至新市場，復雇車至牛羊司巷視大哥病，并順便至傅宅一弔禹臣老伯之靈（墨正弟之父），歸途至青甫兄宅午餐。午後訪凌壯華（因赴甯未遇）、葛仲勛二君。傍晚得岳軍電話，謂不能來杭，轉而約我赴甯，予即復電告以明日提前上山。

4月14日　晴

　　晨起做動課。早餐後乘車赴莫干山，正午到。午後發篋整頓書物，而岳軍電到，又催赴甯，是日因勞頓一天未即作復。

4月15日　晴

　　晨起做動課。早餐後復岳軍一電，答伊明日准赴甯，并請伊在湯山候晤。又出訪張靜江，談至傍午始歸，歸寓後知管理局秘鄧文康（滇人）、課長沈佩洲（汝懷、浙人）到寓，因予外出未遇。午後整理物件，預備明晨赴甯。傍晚石曾、稚暉到山，在靜江宅談敘。

4月16日　晴

　　晨起做動課。早餐後八時偕石曾、靜江、稚暉諸君同下山，乘長途汽車赴甯，在宜興午餐，并遊宜興城內，知周處斬蛇故事。下午五時抵湯山，岳軍、雨岩來接，予乘便入浴一次，并偕遊湯王廟看牡丹並參觀戴季陶之新建築，岳軍告我介石最近對黨員分子之不健全，大有覺悟也。七時入城，寓乙藜處。

4月17日　晴

晨起做動課。早餐後八時介石偕岳軍來談：（一）對黨、對外交有亡羊補牢說；（二）根本分期建設計畫。未幾，雨岩亦來談，至十一時別去。正午雨岩請至聚慶樓午餐。午後三時，介石又來單獨談至五時一刻別去，係繼續午前之說加以詳密討論。此次與介石談，似覺對公對私，彼均有相當覺悟。

4月18日　晴

晨起做動課。早餐後赴建設委員會訪石曾、靜江、稚暉，又同至鐵道部訪精衛，彼夫人鄭璧君亦在座，談：（一）外交（分對滬、對瀋兩層）；（二）內政（分對哲生、展堂、煥章三層），正午始別，赴蜀峽飯店午餐，同座有何敬之、王伯群、陳公俠及岳軍、雨岩、乙藜諸人。午後因知上午予不在寓時，介石弟又來訪未遇，故偕岳軍赴軍委會答訪，彼贈我日人金谷氏所著《侵略滿蒙計畫書》一冊，又同車至中央黨部，彼與岳軍入門開會，予獨乘車往遊後湖（即玄武湖，新名五洲公園）及孫陵二處而歸。傍晚五時介石會議畢，又來訪，談未來之國防計畫及希望我共同澈底研究等語。此等為私為公均應為之事，予毫不躊躇慨允之，六時半別去。晚間岳軍、雨岩、公俠等先後到，雜談至十時半始散。

4月19日　晴

晨起做動課。早餐後乘車離京，乙藜派其僕人高

志成偕行。午後二時抵宜興，由江南汽車公司副經理
饒競群引導至衛生飯店午餐（饒為贛人，乃留法勤工
儉學生）。午後七時抵山，性白與陸叔昂在焉，談新
村事一小時。

4月20日　晴

　　晨起做動課。早餐後與陸叔昂談莫干山鄉村改進方
案，午餐後陸起程返滬。近日炎丈、和姨等亦在山，相
偕來訪談至傍晚別去。

4月21日　晴

　　晨起做動課。早餐後偕性白、炎丈步行遊莫干塢
畢，在庾村站午餐，遇王有芳由滬來，并知現駐庾村之
鄭連長（名重，號威夫）係性白之堂兄。餐後並測丈庾
村地畝（予前年所購），擬建築農村小學房屋，莫干塢
內有卅餘戶，學齡兒童有廿餘人，共分錢、盛、周、沈
四姓。三時乘輿上山，順道遊天池寺，五時抵家，鐵路
飯店張經理與郵局卓局長來訪，談半小時別去。

4月22日　雨霧雷

　　晨起做動課。早餐後作書復朱鋒民、許修直、藍
軍恆三人。午後至501號談敘，晚間得岳軍電，來詢下
山日期。

4月23日　陰霧

　　晨起做動課。早餐後作書寄岳軍與厚生，又與性白

計畫辦暑期補習學校事。正午炎丈、和姨等來共午餐。午後在園中賞花，楓樹與杜鵑實為本園特色。

4月24日 雨風霧

晨起做動課。早餐後知姨等下山返滬，予讀書兩小時，覺稍冷乃令僕取煤生火圍爐半小時午餐。午後繼續讀書三小時。

4月25日 晴

【金谷範三著《侵略滿蒙計畫書》】

晨起做動課。早餐後性白赴庾村調查學童，予作書寄君怡告以卅日下山，請派車來接，又讀書一小時，讀完《前日本參謀總長金谷範三所著侵略滿蒙計畫書》。午後出外散步，視察各新建築屋，并順道至馬路下面茅屋安慶客民自辦之蒙館，教師姓李，係安慶自治訓練所畢業者。

4月26日 雨霧

晨起做動課。早餐後與性白計畫庾村小學校舍圖樣。午後理髮師來理髮，又鄭木匠來，囑伊做後山四望亭之放大工程，以便辦暑期補習學校。

4月27日 晴下午雨霧

晨起做動課。早餐後李有功泥作來，囑其豫備材料，擬為竹筋洋灰之試驗，如果成功，則每年可省舶來筋不少矣。午後在園中採茶，藉資運動半小時後，

遇雨而止，乃作復書四通，分寄曉圓、克之、乙藜、五雲諸人。

4月28日　陰

　　晨起做動課。早餐後視察後山修理工程，并發給僕役本月份薪水。又公安局長張幼山來報告山情。午後出外散步一小時，又整理物件豫備明日返滬。

4月29日　雨

　　【鮮人炸死日本要人】

　　晨起做動課。早餐後七時下山，下午二時四十分到滬，君怡、岳軍來接，抵家後與岳軍詳談，傍晚始別（是日為日本天長節，日軍在虹口公園大閱兵慶祝，不料儀式未畢，忽有朝鮮人名尹奉吉者，拋擲炸彈，閱兵台上各要人俱受傷。計死者有居留民團委員長河端，重傷者有重光公使、白川大將、植田師團長，輕傷者有野村海軍中將、村井總領事等。

4月30日　晴

　　晨起做動課。早餐後岳軍偕雨岩來談整理黨務意見，午後君怡來談，伯樵、和姨來訪，又震修來談介紹李擇益君。

5月1日　晴

晨起做動課。早餐後出訪張鎔西，談悉民憲協進會籌備會之內容，午後暢卿來談國防建設之動機，又震修偕李擇益來訪。傍晚周亮才及炎之等來敘。

5月2日　晴

晨起做動課。早餐後厚生來晤，告以赴甯經過情形，又岳軍代介石送信來。午後偕夫人出訪岳軍、雨岩、文欽三家（岳、雨兩家係答拜，文欽家因知其本日傷一第六子，文欽在贛，特往慰問其夫人），傍晚歸寓。煥章派員送食物四大包來，予即復伊一函，并送還夏布一疋，仍交來員佀朝棟（號奠清）帶去。

5月3日　晴

晨起做動課。早餐後仰先、達齋、公權、石曾、厚生偕沈壽宇先後來訪，公權主張本晚在岳軍宅邀集唐有壬一談，石曾告我蔣、汪間之隱憂在：（一）主張（國民代表會議）；（二）權限（如劉文輝、何敬之、唐有壬等事）。彼自身介於兩老友之間，亦頗覺困難。此事予頗同情，因當年在蔣、馮之間，予亦有此經驗也。午後伯樵、君怡來談，又請唐醫生堯欽來治病。晚間至岳軍宅晚餐，同座共五人，石曾、公權、岳軍、有壬及我，討論黨政各項問題，予發表以（廣義的）國防為中心的建設計畫，以應付最近將來之國難，在座均贊同。

5月4日　晴晨雨雷

晨起做動課。早餐後鋒民來談組織發行月刊事，又厚生偕舒石父來訪。午後葉錫洛、童崎青先後來談，又炎丈、和姨來約星六午餐。晚間殷亦農來報告上海停戰會議明日可簽字，并出示原稿，計開談至今已四十五日矣。

5月5日　雷雨

晨起做動課。早餐後厚生來整理學會草案。午後至《大陸報》開會，初遇宋春舫，覺此人頭腦清晰，論事頗有條理。晚間雨岩來電，約同赴岳軍宅討論時局。

5月6日　晴

晨起做動課。早餐後偕君怡同至中華職業學校，參預中華職業教育社十五週紀念會，予演講無論何人應有兩種職業，即人職與天職是，并說明最近將來之國際風雲，吾人經此次滬戰教訓，應痛定思痛，預為之備，切望全國士農工商各界，於其經商作工之職外，行止坐臥應時時不忘應付未來風雲之天職。

5月7日　晴

晨起做動課。早餐後鎔西、公權、厚生、禦秋、任之、問漁等到，開會討論時局，并重商「新中國建設學會」會章。正午始散，結果頗佳。午後岳軍、暢卿來談。傍晚炎之、壯華二人來談敘。

5月8日　陰雨

晨起做動課。早餐後電邀君怡來討論技術人員訪求事，又作書寄顧墨三與鄭性白二人，又作書約愛理來談。午後壯華來與之談江防計畫，彼甚感動，彼允由甯回滬後，當努力研究，又克之由皖來滬談財政。

5月9日　陰

晨起做動課。早餐後厚生、克之、問漁、任之、公權、鎔西先後到，開「新中國建設學會」籌備會議，通過會章草案。午後陸叔昂來談農村教育，李擇益來報告日方消息，許長卿來談學會總務部組織事。晚間岳軍來談，十時別去。

5月10日　晴

晨起做動課。早餐後達齋、仰先先後來，告以明晨九時來會商學會事，又沈立孫來談太炎講學事，又胡政之由津來談，悉彼與季鸞等對時局及團體立場。午後三時俞鴻鈞來談學會，並報告共同委員會辦理接收戰區情形。又蘭兒偕女婿義舫并攜外孫女等來晤，五時請唐堯欽醫生來復診。傍晚赴岳宅與雨岩談學會進行情形，並在岳宅晚餐，同座有達銓、量才、寰澄、任之、鎔西、政之、震修諸人，談國際形勢甚久，散已十一時半。歸寓後，因予妻傳述伯樵、君怡對學會意見。

5月11日　晴

晨起達齋、仰先、亮才、傑才、季良、修直等先後

到，告以學會組織並述明會外幫助工作，談至正午始散。午後岳軍來談，又伯樵、君怡來談。

5月12日　晴

晨起做動課。早餐後橘三郎來，報告一月內日兵必撤盡，且謂松岡來視重光、野村之病，十六日即須返日，擬明晚約我晚餐，予緩謝之。又露出欲以中日文化基金由日本自動提出一部份以充閩北復興事業之需，予故以他詞止之。橘去後，理髮師來理髮。正午俞寰澄君來共午餐。午後作書復林立、潘仰堯二人，又程遠帆與阮介藩等先後來談兵工事業，五時至《大陸報》開會，七時赴雨岩宅晚餐，同座有吳凱聲、王石蓀諸人。

5月13日　雨

晨起做動課。早餐後君怡、克之、爾和、聖奘、石蓀等先後來晤。正午至炎丈宅午餐。午後岳軍來電代鐵城約明日午後茶會，又作復壯華。

5月14日　雨

晨起做動課。早餐後出訪石曾，談勞働大學事，又參觀世界學院新屋，十一時往訪愛理，談學會組織事。正午歸寓，君怡偕薛次華、莫葵卿來訪，留共午餐。午後出訪金井羊，對於薛、莫、金三君均談組織學會事，四時歸寓，亞農由蘇來晤。五時偕岳軍赴吳鐵城宅茶會，同座有松岡洋右、蔣雨岩、王長春、殷亦農諸人，七時半歸。

5 月 15 日　陰

晨起做動課。早餐後赴岳宅，因是日為岳弟生日（陰歷四月十日），又同赴暢卿處弔其太夫人之喪，傍午歸來，偕伯樵、長卿往看學會豫備租借之房屋。午後赴唐堯欽醫生處取藥，又至炎丈宅談敘。晚間岳軍來電，知日本內閣總理犬養毅本日午前十一時在東京被刺，受傷甚重，兇手何人詳情待查云云。

5 月 16 日　雨

晨起做動課。早餐後學生張聖奘來談修史事，又至通易公司訪黃溯初談時局，正午始歸。午餐後程遠帆君來訪，要求作書介紹於介石，遂作一普通介紹函與之。又至岳軍宅談學會事，傍晚至萬國體育會讌客（主人四，任之、鎔西、問漁及我），共讌十四人，計有新之、量才、達銓、新六、公權、寄頑、光甫、馥蓀、藕初、志莘、康侯、重遠、寰澄、克之諸君，談學會事。

5 月 17 日　陰傍晚下大雷雨

晨起做動課。早餐後橘三郎偕日使館參贊矢野來訪，又程蓮士來晤，告我彼最近之遭遇（商業失敗）。又叔魯偕翊唐來晤，告我北部財政情形，叔魯並慫我北行。正午暢卿、岳軍先後到，談赴甯應行接洽事件，因二人將於今晚乘輪赴甯也。午後乘三時車赴杭，八時到，寓西冷飯店。

5月18日　晴

　　晨起做動課。早餐後嵩雲姪來電話，謂大哥因天氣不好，病又加劇，聞我到杭，囑我前往一晤，但我因車已在門，即須啟程，時間緊迫，祇能允下山時再往。故即乘車赴山，午後鐵路飯店及郵政局張、卓二君來訪，談山下開辦學校事。又作書寄大哥、錦甥、乙藜諸人。

5月19日　陰晴

　　晨起做動課。早餐後作書復周作民，又復樵、怡等一電（為租學會房屋事），又姚月卿來談山下地畝建築校舍事，又張雨樵君來訪。午後李有功來，擬開始試驗竹筋、洋灰。李去後，公安分局長張幼山來晤，又作書寄文欽、曉圓二兄。

5月20日　晴

　　晨起做動課。早餐後張幼山來報告，謂省政府已決議將取消本山管理局，另派一管理專員以節經費云。又種龍柏二、碧桃二、紅紫薇一。午後捉蟲運動，又整理文稿，四時後大雨天暗如漆。

5月21日　晴

　　晨起做動課。早餐後作書寄君怡、芰齡、孟和及劉厚生四人，均為學會組織事。又至本山療養院與張醫生商酌打防疫針事。午後張雲蓀、朱炎之諸君先後來雜談。

5 月 22 日　晴

　　晨起做動課。早餐後計畫學會幹部組織綱要。午後讀書兩小時，又至近傍散步。

5 月 23 日　晴

　　晨起做動課。早餐後油匠來算清賬目，又作書寄厚生、任之、伯樵、立孫、竹溪諸人。正午至炎丈處午餐。午後談敘至四時始歸。包工人張登喜在宅候，關於在庾村擬建築之莫干小學校舍投標結果，張當選，計大小房屋廿餘間，共洋七千八百元。

5 月 24 日　陰午後大風雨霧南風勁氣候暖

　　【大哥病故】

　　晨起做動課。早餐後作書復亞農、蔭棠、克之三人。又接嵩雲姪長途電話報告，知大哥病故（享年六十七歲）（本晨六時，陰曆四月十九日），當即覆電請先入殮，并發一快函與叔汀三哥，告以身後喪葬辦法，好在衣衾棺槨，予前數年已為大哥備好，此刻當不難辦理也。予父母生予兄弟姊妹共七人（兄弟五、姊妹二），今則僅餘予與三哥矣，新舊轉移終難逃宇宙遞嬗之律，蓋人世不過如此耳。午後作書寄戴縣長及曉圓兄二人，又寄公權（說黃溯初會晤事）、乙藜（說勞働大學維持事）各一函。

5 月 25 日　晴

　　【吳半農《鐵煤及石油》】

晨起做動課，早餐後性白下山赴杭採辦學校用品，
予讀書兩小時，讀完《鐵煤及石油》一書。正午炎丈、
和姨等來共午餐。午後出外散步。傍晚姚月卿來報告山
下吳姓地主（董錫祺之外家），因知予欲為將來建築中
學校舍之用，僅僅六畝索價一千九百元，可知鄉人不獨
不能以公益動之，反而有機必乘，仍屬惟利是圖者也，
乃決議另覓適當地點再議。晚間岳軍由寗來電，謂「來
京多日，昨晚始獲略談滬事，所擬各節三均同意，詳情
容後面談，弟群有」等語。

5 月 26 日　晴
【吳半農《中國之經濟地位統計圖》】
晨起做動課。早餐後管陟屺亭之老楊來取該亭鑰
匙，豫備照往年例，自六月一號起施茶，當給茶資十二
元。又翻閱《中國之經濟地位統計圖》一冊。午後整理
四望亭堆件，并督飭園丁扶植後山樹木。傍晚炎丈、和
姨來敘，晚間性白由杭歸來。

5 月 27 日　雨霧
晨起做動課。早餐後打電與任之、岳軍，因近日郵
政罷工，前發各函均被所阻，故以電補之。午後讀書兩
小時。傍晚開留聲機消遣。

5 月 28 日　雨霧
晨起做動課。早餐後開書面七種，捐助莫干小學，
又讀書兩小時。午後雨停霧霽，乃往遊塔山，沿途涼亭

地坍，山頂匾額、欄干亦盡毀壞，管理局真可謂除加捐雜稅外，一事不辦，較之趙局長時遜色多矣。

5 月 29 日　晴

晨起做動課并觀日出。早餐後作書復立凡、体揚二人，又寄伯樵一函。午後讀書一小時，出至蔭山一帶散步，并順道答訪張雨樵而歸。

5 月 30 日　雨霧

晨起做動課。早餐後性白下山前往佈置小學開課事，予讀書兩小時。午後讀寰澄寄來新社會雜誌。傍晚炎丈來出示游伯麓君函，要求向江蘇高等法院林院長陳詞。

5 月 31 日　霧

晨起做動課。早餐後理髮師來理髮，又作書復秋岳（寄甯由震修轉）、協和，另作書與林理源、吳承齋，交由炎丈帶去。午後至金家山散步，並繞道由菜根香歸。

6月1日　晴下午陰

【莫干小學開校】

晨起做動課。早餐後下山至庾村，行莫干小學開學典禮，並舉行新校舍奠基典禮，是日到會者戴縣長（濟民）、鄭連長、陳站長、方區長（玉瑚）、縣立小學姚校長（兆英）、管理局朱局員（國珍）、公路局袁局長、郵政局卓局長、警察隊張隊長（幼山）、療養院張醫生、沈經理、鐵路飯店張經理（雲孫）、山居塢村姚村長（月卿）、安慶小學校長及王有芳、朱炎之、汪輔臣與各學生之家長等，共約來賓三、四十人，學生共四十二名。首由鄭校長性白報告，予及戴縣長、朱炎之三人相繼致詞。復至新校舍基地，由予妻亦雲夫人代表奠基，鄭連長致詞，復至車站茶點後散會，已正午矣。午後上山抵家已二時餘，進午餐之後，寄性白一函，復乙藜一電。

6月2日　雨霧

晨起做動課。早餐後作書寄曉圓、竹溪、兗甫、厚生四人，函正發出，厚生由滬派沈敏政君到山，帶來信二封（一厚生、一公權），均為學會組織事，談一小時，沈君即下山返滬。午後作書寄青甫、修直、立凡、叔衡四人，又拍兩電致岳軍、曉圓。

6月3日　晴

晨起做動課。早餐後作書復鋒民，為月刊發行事。又讀書兩小時，午後繼續讀書。傍晚在後山散步（是日

發電請劉厚生君來山一敘）。

6月4日　晴

【吳壽彭譯《蘇俄五年計劃》】

晨起做動課。早餐後作書復張敬純，又讀書兩小時，讀完《蘇俄五年計劃》，彼政府中人能自制，工廠工人能自覺，此所以行之而有效，並非特有神秘也。惟彼以大量的生產（利用機械）增加，極度的成本輕減（工作動能），復副以價格政策，而因此所得之利潤又並非各飽私囊，乃為國家之總利潤，得以復投資於次期事業（此則國營與私營性質及利害之不同，實由政治制度而來者也）。午後整理文件，豫備後日下山一行。

6月5日　雨霧午後晴

晨起做動課。早餐後得岳軍電謂將於明晨登山（本日到杭）。又劉厚生君本有電來約本晨到山，乃候至正午，未到。午後三時劉厚生君來，知中途車胎破裂，故到山較遲，乃與之談學會組織要旨及使命。彼極贊同，并以計劃鋼鐵及化學兩工業為己任，又云至北方後，當代約各基本會員如丁文江、翁文灝等入會云云。談至晚餐後請其在《白雲山館紀念冊》上題集句兩語而別，彼將於明晨六時下山返滬，約在滬再敘也。

6月6日　晴

晨起做動課。早餐後讀書一小時，傍午岳軍夫婦由滬到山。午後偕岳弟夫婦遊劍池、塔山等處，晚間請岳

弟在《白雲山館苔芩集》上題字以留紀念，是日岳弟密
告在奔聞見，知乙藜對學會事未免有紛歧傾向。

6月7日　晴

　　晨起做動課。早餐後偕岳弟夫婦下山，至莫干小學
稍憩後，即乘車至杭，寓西冷飯店。午後至三哥宅祭大
哥之靈，并與三哥商定出殯至禾各辦理，歸途在舒蓮記
購扇數柄，又訪仲勛、湛侯兩姻丈，即在仲勛宅晚餐。

6月8日　晴

　　晨起做動課。早餐後仲勛、湛侯來，同至清波門看
湛侯新築，九時半至城站乘車赴滬，公安局長何雲排隊
來送。午後二時半到家，即患水瀉，稍有熱度，大約因
在杭飲食不慎之故。伯樵、君怡、暢卿均先後來談，晚
間厚生來談，任之、鎔西亦來訪。

6月9日　晴

　　晨起做動課。早餐後厚生偕甘可權、沈敏政二人來
訪。是日因水瀉未止，乃請馮五昌醫生來診視，午後雨
岩來談。

6月10日　晴

【岳送學會章程五份來還】

　　瀉後身疲，暫停動課一天。早餐後君怡、溯初、厚
生、岳軍先後來談，岳軍并決定今晚赴奔。午後馮醫生
來復診，又雨岩偕丁紹伋君來訪，又楊嘯蒼學兄將赴日

充駐日武官，來晤談。

6 月 11 日　陰午後雨

晨起做動課。早餐後任之、鎔西、伯申、厚生、問漁等來開會，值至正午始散。午後李石曾來談，悉子文辭意堅決，談及往事氣憤欲絕等語。傍晚馮醫生來診視。

6 月 12 日　雨

晨起做動課。早餐後君怡偕楊繼曾君來晤，又俞寰澄君來談，并共午餐。午後張聖奘來晤，二時半鎔西、伯申、厚生來開茶話會，四時半散。傍間六時至世界學院讌客，連主人共卅九客，到卅四人，氣象極好。對組織學會事，全體贊成，散已十一時。

6 月 13 日　雨

晨起做動課。早餐後君怡偕俞大維君來晤，彼新自德歸，對國際形勢頗有見到之處。又李擇一君來報告赴日與各方交際及觀察所得（海軍尚有東鄉，陸軍已失中心）。午後理髮師來理髮，又厚生來商學會秘書處經常費豫算。

6 月 14 日　陰

晨起做動課。早餐後偕修直至福民醫院親訪重光病，彼將於十七日返日，故贈以畫一軸，此係私人友誼之訪問，故僅十五分鐘而別，未涉及一字半句之國

事。午後凌壯華、王石蓀先後來談，石蓀仍執著於勞
働大學事。傍晚赴沈崑三宅讌會，同座有伯樵、君
怡、翊唐、叔雍諸人，崑三最近視察東三省歸來，述
及日軍情形甚詳。

6月15日　陰

晨起做動課。早餐後沈立孫、唐悅良先後來談。予
託悅良帶一復函致煥章，又馮五昌醫生來為我打防疫
針。傍午岳弟由寗來，述與精衛等討論財、交兩部問題
之經過。午後亮才、愛理先後來晤，愛理談三小時之久
而未得結論，洵乎人事安排之難也。

6月16日　陰

晨起做動課。早餐後李擇一來出示日人電報一紙，
又厚生、長卿、可權、傑才先後來晤，分配學會工作事
務。午後赴岳弟宅談政局，傍晚至大陸報館開會。

6月17日　陰

晨起做動課。早餐後整理會員名單。傍午張竹萍來
談。午後任之來約與少川會晤，又岳軍、亮才、仲勛等
先後來談。晚間九時至史量才宅與顧少川、熊秉三、余
日章、江問漁、黃任之會晤。少川主對日抗戰，恐彼
過信國聯。又將蹈甲子覆轍，不禁危懼之至，談至深夜
十二時半始歸。

6 月 18 日　晴

　　晨起做動課。早餐後遠帆、溯初、壽宇先後來談，溯初老於世故，頭腦又極有條理，對於學會觀察頗多可資警惕之語。午後至岳軍宅晤陳雪軒、蔣雨岩諸人，分別談外交、財政諸事，因雨岩將於今晚赴廬山晤介石也。傍晚至學會視察會場佈置，晚間君怡夫婦來共晚餐，別去後予為學會題名冊題簽以留紀念。

6 月 19 日　雨

【新中國建設學會成立大會】

　　晨起做動課。早餐後任之、厚生、伯申、問漁、克之、鎔西等來開會，籌備下午開成立大會事。又俞寰澄君來談，午後二時至楊履理路五七〇號會所開「新中國建設學會」會員大會，予被推為臨時主席。是日會員八十人中到會者（少數派人代表）共七十人，餘因不在滬未能出席，通過會章，選出理事、評議各十五人（予亦被選為理事），并攝影而散（時已六時半）。

6 月 20 日　陰

　　晨起做動課。早餐後赴學會開第一次理事會，推出常務理事五人，予為五人之一，并又被選為理事長，當即委任各組正、副主任及秘書處職員，正午散會。午後劉厚生由津來談，予告以學會已推彼為評議員，旋又出外答訪李協和君，在李宅遇陳雪軒、趙叔雍二人。又順道答訪張靜江君、張正在計畫建築蕪乍鐵路。傍晚歸，伯樵夫婦在宅，留共晚餐并商量定期偕往戰區視察，并

親勘白龍港情形。

6月21日　陰午後晴

晨起做動課。早餐後至會所召集第一次評議會，到會者共九人，正午始散。午後暢卿、協和、石曾先後來訪，石曾出示兩電，為故宮博物及《四庫全書》安全事，知北部風雲恐又不免，是則國難正方興未已也，能不急起直追力圖補救乎。

6月22日　晴

晨起做動課。早餐後作書寄孟和（寄去會章三份）、純孺二人，八時半出發，偕伯樵夫婦及妻兒同往視察戰區，由閘北而江灣而吳淞砲台，慘狀可憤，復渡江至浦東高橋一帶視察，歸寓已午後四時。傍晚馮醫生來打防疫針第二針，晚飯後乙藜由漢口來，述及介石欲在參部內設置國防設計會（廣義的國防），乙藜和之，予深感辦事之不易，知人之不易。

6月23日　晴

晨起做動課。早餐後立孫來談學會進行方針，舉陽明先生故事以為證，頗可資參考。復談及工地問題，似極願擔任研究，立孫去後，予出答訪劉厚生未遇，又順道答訪何克之，談半小時歸。正午在宅讌翁詠霓君（彼新由北平繞潯漢偕乙藜來滬），同座有乙藜、劉厚生、趙厚生三人，午後二時散。三時電邀洪芰舲來談教育并及史地事，五時岳軍夫婦來訪。六時乙藜又來，乃共談

學會進行與時局之推敲，留共晚餐後散去。

6 月 24 日　晴

晨起做動課。早餐後任之、問漁、厚生、鎔西、克之諸人來開會，正午始散。午後向北翔來談，此君向為議員，後充教授，係早稻田政治科畢業，長於漢學，著有《土地問題》書，談約四十分鐘辭去。傍晚岳軍、炎之先後來敘。

6 月 25 日　晴

晨起做動課。早餐後得岳弟電話，知介石有電致岳，囑伊轉請我介紹研究財政人才往漢口講演。又至中華學藝社參觀新築。歸來後季良來報告郵政儲金之內容，予勉勵之。又修直來雜談。傍午蘭兒來商轉地療養事。午後至會所開各組主任聯席會議，予為之說明學會工作綱領，頗為同人所贊許，結果全部要求予定期開一全部會員講演會（決定下星期三），使全會員了解本會使命及工作方向，會散後，陳陶遺來訪晤，談半小時而歸。晚間，岳軍、炎之先後來敘。

6 月 26 日　雨

晨起做動課。早餐後至學會開臨時理事會，正午始散。午後王石蓀來談外交組事，又錦鋒甥帶同甥媳來晤，予妻送衣數件及見面洋四十元。又至岳軍宅商復介石電稿（介來電，請我介紹財政有研究人員，至漢口行營講演財政）。遇厚生、暢卿在座，得悉外間謠傳由於

厚生疏忽之處而來也。晚間至炎丈宅晚餐。

6月27日　雨

晨起做動課。早餐後電修直託轉告向北翔君，市府擬聘為專員之意。九時鋒民來訪談，對黃潮初君之觀察。十時李澤一來訪，云將於廿九日赴東京辦理定造之海艦事。十一時周亞衛由甯來訪，多年不見，依然如故。傍午理髮師來理髮。午後赴岳軍宅與雨岩會晤，雨岩新自廬山來，談悉汪、顧、羅、宋等赴北平極遭冷遇，介石四方八面拉人并有待機負責解決中日糾紛之勇氣等語。四時半赴學會開第一次政制組會議，傍晚始散。

6月28日　晴

晨起做動課。早餐後作書寄袞甫，又克之、寄頎先後來談。傍午厚生來為書《新中國建設學特別捐冊》啟事兩通。午後至先施、新新兩公司購置日用品。傍晚岳軍、炎丈先後來談。

6月29日　晴

【學會第一次講演】

晨起做動課。早餐後作書寄乙黎（附去捐悲鴻畫室洋八百元正）、曉圓、秋岳（附去學會之章）、邱仰山、李壽萱五人，又復介石一函交岳軍代發。午後暢卿來談兩廣內容甚詳，彼亦甚顧慮汪之不能持久而蔣之難以善後也。四時赴學會演講，計一氣呵成的講

了兩點鐘，歸寓已六時半矣。

6月30日　晴

　　晨起做動課。早餐後赴學會開第一次常務理事會，正午始歸。蘭兒率二、三兩外孫女在寓共午餐後，蘭兒頗快樂的回家。三時暢卿來談粵局甚詳，五時至《大陸報》開會。晚間在宅讌學會中之編輯委員九人（趙正平、趙蘭坪、張水淇、何傑才、朱敏章、朱鋒民、沈壽宇、盧晉侯、劉麟生），十時始散。

7月1日　陰

晨起做動課。早餐後厚生來談編輯方針、大綱，又徐佛蘇來雜談，彼有數點意見可資參考：（一）欲以黨治國，須先以才治黨；（二）教育、輿論、軍紀、經濟均助成赤化（非赤匪之真可慮）；（三）外交要日德分化，對日要文武分化；談一小時別去。予即偕妻答訪李協和兄夫婦（得到法西蒂章程），又訪岳軍（託帶介石一函）。正午至華安午餐，應王石蓀君夫婦之招，與蔣駐日公使雨岩兄夫婦送行。三時散後訪黃溯初君，談三小時而歸：（一）對學會勿熱望、勿灰心；（二）對個人勿過擴充慈善事業，稍留養廉經費；（三）不主張發行定期雜誌，均有特見，可資韋佩。

7月2日　陰

晨起做動課。早餐後克之、厚生、芰齡先後來談，又馮醫生來打防疫針第三針。午後復湯爾和、黃溯初各一函。三時黃秋岳來，謂精衛到滬，約我明日往談，予因無事相商勉担誤精衛時間，故緩却之。又徐新六君來談學會事。

7月3日　晴

晨起做動課。早餐後開七月份理事會例會，正午始散。午後三時又至學會開編輯委員會，傍晚歸。修直來代高木六郎約晤，予緩詞却之。

7月4日　陰

晨起做動課。早餐後任之、問漁、鎔西、伯申、克之、厚生等來談敘。午後赴學會開募捐委員會及政制組會議，傍晚歸寓。炎之、君怡二人來談上山日期。

7月5日　晴

晨起做動課。早餐後電邀修直來談，託代表往訪徐佛蘇、湯愛理二人。又厚生、長卿二人來訪。又協和、雨岩先後來晤。午後偕予妻答訪雨岩夫婦，因彼等將於本晚上船赴日也。傍晚風雨甚大，深慮各地水勢，不識能免汛濫否也？

7月6日　晴

晨起做動課。早餐後馮若飛、何克之、許修直、朱鋒民先後來晤，又理髮師來理髮。午後厚生來接洽會務，又囑劍塵代拍一電致岳軍，又修直送來橘子一箱。

7月7日　陰

晨起做動課。早餐後乘車赴杭，午後二時到，即改汽車赴山，五時半到寓。晚間性白來報告校務，知新聘教習楊元昌夫婦已於四日到校，并知秋季報名入學者又有廿餘人，是則共有六十餘名之生徒，非分兩班不可矣（傍晚岳軍來一復電，報告到漢後情形）。

7月8日　雨霧

晨起做動課。早餐後整理行李及書籍。午後君怡來

談學會進行事。傍晚出訪壯華、炎之。

7月9日　陰

晨起做動課。早餐後閱讀《外交評論》第一期。傍午壯華夫婦來談，留共午餐。午後炎之、君怡等來晤。

7月10日　晴

晨起做動課。早餐後讀書兩小時。午後性白偕莫干小學新聘教員楊元昌（肖才，嚴州人，楊逸才所長之子）及楊夫人唐錦章來訪，談小學進行事，予囑其在暑假中豫備三事：（一）教育廳立案事宜；（二）小學簡章之製定；（三）根據簡章確立豫算，傍晚別去。晚間，赴壯華之招，至其宅晚餐。

7月11日　晴

晨起做動課。早餐後作書寄徐悲鴻、袁文欽（徐送八百元、袁送一千元，彼等來信道謝，故復之）、楊予戒、程蓮士四人。又讀書一小時。午後君怡來談，又新任本山管理員俞則民來訪。

7月12日　晴

晨起做動課。早餐後偕君怡夫婦下山遊莫干塢並參觀莫干小學。午後一時君怡赴杭返滬，予乘輿回山。傍晚予妻同學侯寶琳女士來訪予妻，雜談一小時別去。

7 月 13 日　晴

晨起做動課。早餐後作書寄靜江（附去石曾一函，為故宮博物院事），未幾，靜江親來討論移滬、移津等辦法，以事關古物保存，關係重大未能即決（蕭其暄來訪，因正與靜江談話，未能面晤）。午後壯華、炎之來談。

7 月 14 日　晴

晨起做動課。早餐後作書復巍舅、石曾、故宮博物院理事會、新中國建設學會、厚生五處。又電復藹士（為英士紀念堂落成來電，囑往參與開幕典禮），說明請現任上海市公安局長（舊滬督府參謀溫應星君）代表到會，并函致溫君接洽。午後讀書一小時，又至炎丈宅雜談。

7 月 15 日　晴

晨起做動課。早餐後讀書兩小時、又張幼山隊長來報告昨晚褚民誼君偕精衛到山，寓菜根香飯店，并謂係微行（匿名）不見客云。午後作書復郭秉文、宋春舫二君，又壯華、炎之來晤。

7 月 16 日　晴

晨起做動課。早後讀書兩小時，午後褚民誼來訪（俞則民陪來，彼此次偕汪精衛來山，汪因欲休息，故不拜客、見客），言外之意似代表精衛來打一招呼而已。

7月17日　晴

晨起做動課。早餐後偕壯華赴鐵路飯店訪蕭其暄（叔宣，閩人，留日陸大），談一小時歸。又作書寄孟和（內附復丁在君一函）、君怡（為吳蘊初入會事）、金井羊夫人（井羊逝世，予與予妻同具名作書慰之）。午後讀書一小時。傍晚偕凌、朱兩家同至塔山野食、觀日落，并賞月而歸。

7月18日　晴

晨起做動課。早餐後作書寄厚生、嵩雲、嵩壽兩姪，又讀書一小時。午後性白來報告已購得莫干塢、皇坟及庾村各處地三塊，又商酌赴武康辦理新地過戶手續及小學立案手續等事，并順道便託帶送戴縣長濟民、鄭連長威夫、方所長玉瑚、陳站長子偉各舊著三冊（是日伯樵介紹何道衡，字惠人，諸暨人，留美，來見）。

7月19日　晴

晨起做動課。早餐後作書復可權、厚生、兌之、修直諸人，又讀書一小時。午後和姨、玉姨等來遊。傍晚赴塔山應本山新任管理員俞則民之招讌，同座有靜江、周君謀（靜江之婿）、杭市長趙志游（菊椒之子）。

7月20日　晴

【徐青甫著《經濟革命救國論》】

晨起做動課。早餐後讀書一小時半，讀畢《經濟革命救國論》，午後炎丈、和姨來談敘。

7月21日　晴昨夜南風勁天氣較涼爽

【譚炳訓著《初步國防工業建設計劃大綱》】

晨起做動課。早餐後作書復可權、厚生、乙藜，又讀書一小時。午後繼續讀書兩小時，讀畢《初步國防工業建設計劃大綱》。又得暢卿電，謂中俄復交，中央主急辦，介石主持，重來徵詢予之意見，乃作一書復之，條舉五項結論，亦主慎重。又寄乙藜一函（由武昌武漢大學王雪艇君轉交）。

7月22日　晴

晨起做動課。早餐後理髮師來理髮，又石作李有功來算清修理各賬，計洋五百元。午後翻閱滬來各月刊，如《時代公論》、《外交評論》、《申報月刊》（創刊號）等。

7月23日　晴

晨起做動課。早後作書復堯年、克之、競心三人，又讀書一小時，午後整理學會文件，又陳萊卿夫婦來訪。

7月24日　晴

【汪家源】

晨起做動課。早餐後凌壯華來談，彼有一舊時秘書張姓者欲我介紹於褚民誼，予允對李石曾紹介之較為方便。午後炎之來談。又江問漁君介紹大夏大學學生汪家源（號巽之，年廿四歲，武康上柏鎮人）來訪（汪偕庾

村縣立小學姚校長同來），彼欲在予立之小學內服務，
予囑其往山腳與鄭校長性白接洽。

7月25日　晴

【中國旅行社出版《莫干山導游》】

晨起做動課。早餐後陶芳洲由杭來，謂參謀部職務
已於春間解除，現擬往南京警界謀事，要求紹介於吳廳
長立凡，予作一介紹片與之。陶君在下級軍界熏習甚
深，迄未能自覺，至可惜也。又作書寄達詮、季實、伯
樵、性靈、性白、肖才六人。午後讀書兩小時，讀畢趙
君豪所著《莫干山導游》一書，是書係予題簽，故出版
後送來一本。傍晚至壯華宅答訪。

7月26日　晴

晨起做動課。早餐後作書寄長卿（寄去六十元支票
一紙，代孟和繳納會費）、厚生（附去曉圓一函）、孟
和、岳軍、文欽、可權、志莘、振飛、聖奘九人。午後
出訪張靜江，在張宅遇錢新之（新之先來訪我，因予不
在轉訪張），共談莫干山自治事。

7月27日　晴

晨起做動課。早餐後出訪張雨樵、陳萊卿二人，均
為山中自治事交換意見。正午偕妻女在一統飯店午餐，
賞該飯店總僕洋十元，因該僕陸姓者為予長外部時，官
舍中之舊僕也。午後訪炎之、壯華而歸。

7 月 28 日　陰

晨起做動課。早餐後起草莫干山自治會章程。午後李擇一由滬來，帶到雨岩公使及康侯函各一件，并聽取日本最近情形（因彼新自日本歸國），知國難正未可樂觀也。

7 月 29 日　陰

晨起做動課。早餐後赴靜江宅開會討論自治會章程，全部通過，僅名稱改作公益會，并舉出籌備委員會五人，即理卿、炎之、抑厄、烈卿及予是也，會至下午一時始散。午後李擇民復來談，又厚生介紹孫藕耕之姪孫百剛來晤，彼允擔任為學會服務，談一小時別去。孫君係留日高師英語科畢業，就月刊、叢書兩面言，頗得一有力之人材。

7 月 30 日　陰

晨起做動課。早餐後出訪唐寶書，尚未到山。又訪周湘舲，在周宅遇張淡如，談一小時。復訪錢新之、姚詠白、蕭叔宣於鐵路飯店，談一小時，歸途訪葉揆初談半小時。正午歸家，性白、肖才二人候焉，共午餐。午後與性白、肖才決定小學呈請立案之呈文稿，三時別去。四時，徐季實來談張嘯林、杜月笙等，內容頗可資參考，傍晚別去。是日打兩電，一致中華學藝社賀開幕典禮，一致震修，係擇一所託。又復寰澄（代定旅館房間）、長卿（為市捐款存放事）各一函。

7月31日　霧

晨起做動課。早餐後作書復伯樵、君怡、衡玉、運
成、競心、芰舲、克之七人，又唐寶書君來談。午後陳
理卿來談公益會籌備事。又作書寄孫百剛、朱鋒民、何
亞農、周亮才、甘可權五人。傍晚訪壯華。

8月1日　霧

晨起做動課。早餐後作書寄公權、岳軍、暢卿三人，又復王石蓀一函。午後復青甫一函。

8月2日　陰雨

晨起做動課。早餐後陳禮卿、萊卿、抑厄、炎之、劉弢甫等來開第一次公益會籌備會，又讀學會寄來梁漱溟君講演稿一篇，題為〈中國問題如何解決〉。午後凌壯華來談，并交到彼所草擬〈江防計畫綱要〉一稿。

8月3日　晴

晨起做動課。早餐後偕炎之訪陳叔莘，同往看一屋（陳之南鄰），豫備作為公益會所者，地點甚好，惟索價七千元，不免較大耳。歸途順道訪靜江，彼已於昨日下山未晤。午後戴縣長濟民偕民政廳視察員劉啟烈（世成，長沙人）來訪，各給予學會總章一冊。傍晚俞寰澄夫婦由滬到來，談學會及浙省政事。

8月4日　晴

【中野正永《滿洲國之幣制金融》】

晨起做動課。早餐後作書寄孫百剛、嵩雲姪、黃伯樵、張鎔西、朱鋒民、周贊堯、黃任之、黃秋岳諸人。又讀完《滿洲國ノ幣制金融問題に就て》一書。午後壯華偕周蔭棠君來談，又張隊長幼山來晤。

8月5日　晴

　　晨起做動課。早餐後雨樵、寰澄先後來訪。正午蔣抑卮譙，因事不能去，作書謝之。午後青甫兄由杭來寓予宅。又擇一由滬到山出示日文電一通，為刺探日人對熱河問題態度之覆電，又詳述在京晤有壬、精衛、鈞任、子楷等經過，并悉京中有汪兼外長，邀我長外委會之謀，予雖愛國之心不落人後，然予亦不能再作此馮婦。

8月6日　晴

　　晨起做動課。早餐後張紹程由滬來晤，又揆初、湘舲等來開第二次公益會發起人會議，正午始散。午後何克之兄偕高凌百、蕭振瀛（仙閣，吉林人，代表宋哲元攜宋函來訪），來談六年來宋明軒轉戰西北之經過及現況。予作書勉勵之，謂內外交迫，國事至為艱危，吾人應痛自洗刷，持其志無暴其氣以赴之等語，談三小時，傍晚始別（宋送來山東綢兩疋）。

8月7日　晴

　　晨起做動課。早餐後寰澄兄夫婦來訪，談東鄰購屋事。又理髮師來理髮。又發兩電，一覆岳弟，一致精衛，均為故宮博物院事，因政府要我擔任該院理事長，予未到任，令岳弟代理，此事係石曾穿鑿而來，予實不能遙領而負此重任也，故去電懇辭之。傍午叔汀三哥偕孫百剛君由杭到山，三哥為嵩雲姪讀書事而來，此子愚驕不奮發，祇好待其自覺。三哥午餐後下

山回杭。百剛留寓予宅，談其擔任譯日本來各小冊子
（關於滿洲問題）。

8 月 8 日　晴

晨起做動課。早餐後寰澄來與青甫討論經濟理論，
予作書覆墨正、厚生二人。又張敬純來談，午後寰澄為
我題《苕芩集》詩三首，又張雨樵偕王悅山來訪，為山
上泥木作罷工事。

8 月 9 日　晴

晨起做動課。早餐後俞作民、張幼山來商應付罷工
風潮，予力勸其和平辦理，并為之劃治標、治本兩策而
去。又王鏡舜由滬來訪。午後作書寄君怡、詠霓、叔
宣、暢卿四人。

8 月 10 日　晴

晨起做動課。早餐後壯華來與青甫談，又得岳軍
電，知汪、張衝突內情，并知汪曾託有壬電岳盼我速行
北上，共維大局等語。其意何居，真不可解也。傍午王
有芳、張幼山先後來，午後張雨樵、王悅山、龍廷瑞
（戴縣長代表來山，及武康縣公安局長）等又來，均為
山上罷工事，予為彼等調解，大約明日總可開工矣。

8 月 11 日　晴

晨起做動課。早餐後作書復袁柳溪、湯愛理、何亞
農諸人。午後讀書兩小時。

8月12日　晴

晨起做動課。早餐後得擇一函，知汪臨出南京時，致一密電於蔣，舉我與岳軍、敬之三人為北局之主持者，故十日之岳軍來電中有唐有壬轉達汪意，盼我從速北行之說也。十時偕青甫兄出外訪張靜江，又至中國銀行託匯款來山。正午至蔣抑厄宅午餐，同座有丁榕、劉烈卿、葉揆初諸人。午後徐聖禪君由滬到山，寓予處與青甫兄同房。

8月13日　晴

【介石來電促北行】

晨起做動課。早餐後張敬純來談，又復一電與岳軍。午後周枕琴君由杭來晤，在予處晚餐之後，聖禪、枕琴為我題《苔芩集》而別。是日得暢卿、介石來電各一，暢卿電報告最近時局情形及陳述意見，介電請求我北行担當難局，電文錄左：

漢卿辭職擬即照准，並取消綏靖公署，另設軍委會分會以統轄之，大體已商妥洽。惟今後華北時局無論外交、軍事、政治方面，均益加重要，特懇請我兄北上匡助，代為主持，兄受名義或暫時不受名義均可。國難方殷，環境日惡，公誼私情，諒兄必不忍恝然也，即盼電復。弟中正叩元。

8月14日　晴

【復介石電】

晨起做動課。早餐後赴靜江宅開公益會發起人第三

次會議，會畢與靜江談時局，彼告我石曾、精衛間情形，知隱憂正多也。

午後復介石一電，大致謂「公私兩不容辭，事實却無把握。且此事由一方面看，兄去於弟有利，從另一方面看，或反於弟有碍。容稍加考慮後，再行確復」等語。傍午在炎丈宅晚餐，因是日為彼生辰，湛侯夫婦亦由杭來同席。

8 月 15 日　晴

晨起做動課。早餐後張登喜來，豫付校舍第二期建築費內五百元。又得岳軍電，當即復一電，均為北行事互相商榷之文。又為公益會起草增加三條條文。午後作書寄君怡、立凡、寓錚、修直、阜生五人。

8 月 16 日　霧

【代寰澄購定511號屋】

晨起做動課。早餐後美人宋煦伯（H. L. Son）來，決定代俞寰澄君購妥鄰宅511號屋，計價洋六千元正，當先代付定洋五百元。午後赴菜根香，開公益會成立大會，到會共44權，通過總章，選出董事，是日予被推為臨時主席，選舉結果41票，為董事之一，餘為張靜江、周湘鈴、劉烈卿、朱炎之、陳理卿、蔣抑卮、葉揆初、王吉民八人；又候補董事二人，為徐青甫、張光倫，傍晚始散。是日厚生到山來談學會進行，并攜來文稿多件，將於九月一日號發行《復興》月刊之文。

8月17日　晴

晨起做動課。早餐後公益會各董事來予宅開第一次董事會，予被推為常務董事長，炎之為文書主任、理卿為會計主任、吉民為調查主任，當即囑炎之起呈文稿，呈請浙省政府備案，正午散會。午後閱讀厚生攜來各文稿，又與厚生商北行事。

8月18日　晴雨相間

晨起做動課。早餐後起電稿參件，一復介石，一復曉圓，一致暢卿，均為北行事商榷。午後湛侯、壯華來雜談。又作書寄青甫，附去公益會呈省政府文一件，請轉遞立案。

8月19日　晴雨相間

晨起做動課。早餐後厚生下山返滬，予起草一文為《復興》致發刊詞，用快郵寄滬，又作書武康戴縣長（為山上罷工事）、湯愛理（為聘為學會撰述員，月送二百元，十個月為期）。午後至503號答訪湛侯雜談（又至菜根香視真兒游泳）。

8月20日　晴霧相間

晨起做動課。早餐後，得暢卿皓電，報告精衛等在廬山會議，據介石看法不象真辭行政院，是漢卿方面太無交代，恐尚不免有相當糾紛也。又作書復易寅村、張岳軍（為故宮事）、張公權、譚炳訓、楊叔通五人。正午至劉烈卿宅午餐。午後三時歸。是日鄭毓

秀偕王亮疇夫人來訪，鄭與魏道明君認公益會特捐千元，允加入公益會。

8 月 21 日　晴

晨起做動課。早餐後作書復呂習恆兄，又囑李有功丈量511 號地畝，又唐寶書由滬來談。午後暫飭園丁整理門前草木。

8 月 22 日　霧午後晴

晨起做動課。早餐後為傑才改正〈復興與外交〉一文，當即寄交厚生，并復傑才一函。又致電北平馬少雲世兄，弔其父雲亭兄之喪。正午黃任之由滬到山共午餐，午後任之報告北遊經過情形（在魯晤煥章、向方，在平晤漢卿），又述歸滬後遇《申報》及《生活》被扣問題，牽涉任之，求代解釋。年來任之衝動太過，屢勸不聽，今事急求援，予又不忍却之，允俟相機進言。

8 月 23 日　日晴午後雨

晨起做動課。早餐後得介石電要求赴漢，當即復電，允廿七日下山前往，又赴雄莊答訪任之。午後作書告青甫、厚生、君怡三人以下山之期。

8 月 24 日　雨

晨起做動課。早餐後作書寄愛理。又至上橫陳理卿宅開第二次公益會董事會。午後作書復湛侯，并寄一書與亞農，因亞農新自北歸，岳軍來電，謂有話託

伊轉達也。

8月25日　雨霧

晨起做動課。早餐後孫百剛下山返杭。予為寰澄修改文稿，即寄交沈壽宇君付《復興》創刊號，午後至炎宅談敘。

8月26日　陰

晨起做動課。早餐後得介石電，知彼對日看法完全看錯，此行擬盡量進言供彼參考。又程蓮士由甯來談，傍午始去。午後整理物件，豫備明日下山。又理髮師來理髮，又張嘯林來談。傍晚往訪張靜江。

8月27日　晴

晨起做動課。早餐後下山赴滬，在杭州站湛侯來晤，午後二時半到，君怡來接。未幾，厚生、寰澄、仲勛、鹿君先後來訪。晚間作書報英妹，又寄三哥，予為體貼三哥之為難，故亦不再參加其他意見矣。又起電稿一通，將於明晨發復介石，因彼本日又有電來故也。

8月28日　晴

晨起做動課。早餐後公權、厚生、克之、任之等來談時局及學會事。又青甫來託帶函與介石。傍午蘭兒率三外孫女來共午餐，又季實送來張嘯林捐莫干山公益會特別捐洋千元。午後李擇一來，帶到雨岩、阪西函各一件。又秋岳來告政潮經過內容。又伯樵偕長卿來談學會

秘書處事務及財政問題。晚間亞農來共晚餐，并談悉岳軍在北平所受之苦痛，又唐有壬來談汪、蔣會晤情形。

8月29日　晴

晨起做動課。早餐後厚生、仰先、修直先後來晤。又許昂若介紹傅汝霖（沐波）、鄒作華（耀樓）來談華北事。又何亞農偕劉石蓀及日人內田來談中日間痛事，內田（敬三）攜鈴木貞一手函來，蓋鈴木現已成為主角矣，談至正午方去。君怡來共午餐，午後赴學會開理事會，傍晚始歸。晚間公權來談時事問題，十時登舟。

8月30日　午後雨

晨起做動課。早餐後讀完青甫代介石所擬〈改組經濟組織提案〉，又讀完八月份《外交時報》。午後讀中野正剛歡迎駒井德三文及〈生產計劃原則〉二份。

8月31日　雨

晨起做動課。早餐後船抵南京，震修來船晤談廿分鐘而別，彼對內主張蔣、汪同城，對外主張請教英倫。午後讀青甫講演稿兩冊。

9月1日　晴

晨起做動課。早餐後獨坐無聊，重閱《外交時報》。午後草電稿兩份，一致英妹，一致岳弟，豫備抵漢後拍發。

9月2日　晴

晨起做動課。早餐後計擬晤介石談話次序，午後整理行李。晚間九時半抵漢，曉圓、暢卿二兄偕介石代表陳希曾來接，下榻於暢卿寓所，船過租界時不見行人踪跡。

9月3日　晴

晨起出外散步半小時以代運動，途中遇向北翔，立談而別。歸來早餐後，介石派希曾來接往剿匪總司令談話。予將坂西來函、鈴木來函等情形報告後，作一判斷，介石似已明白。未幾，顧少川由審坐飛機到，予遂入座，傍聽其陳述調查團報告之內容及應付國聯方法，予亦間或稍參意見，值至正午共午餐後始別。少川即上機回滬，四時頃曉圓兄來談湖北省政及夏靈炳對學會情況。傍晚介石來電，請共晚餐，乃即前往，同座陳景韓、楊暢卿二人，九時歸寓。唐企林、范紹陔二君先後來談，直至一時始就寢。

9月4日　晴

晨起做動課。早餐後八時介石來訪，談外交、制度、人材三端（彼之請求），十時別去，約明晨再來。

午後偕暢卿出訪何雪竹，談半小時即歸。曉圓來又出偕遊中山公園及近郊。晚間暢卿歸來，述介石急欲我與陳景韓一談，并出示陳對蔣所上意見，乃於九時出訪陳，至十一時始歸。

9月5日　晴

晨起做動課。早餐後七時半至總部與介石談外交（分化、合攻），介出雨岩報告書示予。又談內政，謂現時準備未成，仍得與汪合作，予以汪、蔣會晤之說進談，至九時歸寓（因彼等尚拘執于紀念週之形式也）。十一時曉圓來，同出午餐於一小飯館。午後渡江至武昌訪夏靈炳，并遊東湖參觀武漢大學，在靈炳處遇徐源泉，謂潛江一帶已至夜不閉戶、雞犬不驚、道不拾遺之境，蓋無戶可閉、無遺可拾，慨乎其言之也。及至武大，但見琉璃瓦、洋灰廳，又不禁感慨係之（是日雪竹來答拜）。

9月6日　晴

晨起做動課。早餐後九時介石來接往總部談話，彼託我過審晤汪（圖見面），又為任之解釋誤會，十時半歸。作書復程仲漁、林德懿二人。又賈果伯、耿伯釗二君先後來訪，伯釗告我湖北內情，并共午餐後別去。予休息一小時，乃出而購皮鞋一雙，襯衣一件，歸後作書寄任之。又復孟憲章一函。又寄厚生、壯華、英妹各一函。

9月7日　晴

晨起做動課。早餐後作書復蔣元新（寄倫敦使館轉），又暢卿偕羅秘書來談故宮事經過，託其代草一談話發表，因近日搗亂者正藉故宮事在報上造謠故也。十二時赴怡和邨介石住宅共午餐。談至二時半，同車赴江邊，擬偕渡江遊黃鶴樓，因渡船不在，改遊飛機場，視察俄國供給共黨飛機一只，被我在洛陽襲得者，歸寓已四時。又作書致震修（航空寄出）。傍晚暢卿、雪竹、曉圓、伯釗、一民、紹陔諸君均來共晚餐，談至十時始散，是席賓主連我共七人，除暢卿外，均係留日同學。

9月8日　晴

晨起做動課。早餐後作書復君怡、亮才，又致一函於青甫，一函於厚生，又寄英妹一函。正午雪竹、紹陔、伯釗及王大偉來共午餐。午後四時介石派車來接到伊寓所，談中央組織與地方組織，并同出渡江遊黃鶴樓，歸已七時十分。即赴曉圓宅晚餐，主人為曉圓、伯釗、紹陔，來客為我與靈炳、雪竹、暢卿、希曾諸人，飯後遇蔡繼倫（農三，鄂人，舊西北軍人）及武漢警備司令葉蓬（號勃勃）與鄧鳴嗐三人。

9月9日　晴

晨起做動課。早餐後乙藜、孟和由瀋來訪。午後丁在君、葉叔衡由北平來談，五時出購襯衫兩件，七時先至夏主席宅晚餐，未坐席，復至介石宅晚餐，岳軍由北

歸述北部經過情形，知奉軍之不可救藥，晉軍之尚有可望也，談至十一時半始歸寓所。

9月10日　晴

晨起做動課。早餐後岳軍來談，相與對坐而討論時局者五小時。午後雪竹、曉圓等來談，傍晚偕岳弟至介石宅晚餐，座無他人，商定大計，決留汪，派岳持極懇切之函去滬陳汪。計既定，予與岳弟即於當晚乘招商局之江順輪東下。夏靈炳、何雪竹、一民、曉圓、伯釗、暢卿均來送行，又船中遇胡宗南（孝豐人，軍長，現駐兵武昌）、蔣鼎文（銘三，諸暨人，軍長，現駐兵蚌埠）二人。

9月11日　晴

晨起做動課。早餐後船至田家鎮，因另一船不慎擱淺，求予乘之船助，故延遲四小時。予在岳弟房中雜談，岳弟出示此次北行臨行張漢卿與閻百川所送畫報，予不識貨，但見張送兩冊上有兩印，一曰「毅盦主人九一八後得品」（岳言毅盦為張別號），一曰「漢卿割愛持贈」，嗚呼！尚何言歟。岳又出示新購郎世寧畫花卉羽鳥十六頁，謂為中國僅此一冊，予雖外行，見其名物畢肖，嘆為前所未見。午後一時船抵九江，贛主席天翼派文欽、凌霄二君偕同九江警備司令來船接，即登陸（岳乘原船先東返滬），聞專車已備好，即赴車站直行，傍晚六時一刻抵南昌。何敬之、熊天翼率全部省委員在江岸接，路上戒備甚嚴，似可不必太騷擾

矣。抵何宅下榻，已備有酒席，同坐有敬之、天翼、文欽、凌霄、詔雲、財廳長吳健陶、建廳長龔學蓬（伯循，帝大工科與義舫同學）、徐慶善（湘人，留美研究哲學，豫備長教廳長）及第十八軍長陳誠（辭修，青田人）諸人。

9月12日 晴

晨起做動課。早餐後與敬之談壹小時（談時局與軍事問題）。九時天翼來接，往省府紀念週席上演講一小時畢，復同至天翼私邸（談時局與省政內情），談至正午回，至何宅午餐（敬之正式讌會）。午後敬之陪遊郊外青雲浦（即介石出兵尚未攻下南昌時之駐節處，民十五欲往遊而未果者）及陣亡將士墓（胡祖玉墓在焉），又至敬之之贛粵閩邊剿匪總司令部休息，晚至天翼公館晚餐（天翼正式讌會）。九時半渡江上專車赴潯，敬之、天翼、辭修均送江岸作別，又是軍樂隊及戒備甚嚴，狀態真是擾民。文欽、軍恆送至九江。

9月13日 陰微雨

晨五時半車抵九江，警備司令陳雷（鳴夏，皖北人，五十二歲，舊趙伯先部下與禦秋同寅）來接，至大華飯店早餐，餐畢雜談一小時半上船，乘三北公司之長興輪東行，乃託陳司令代發三電（一致震修、一致君怡、一致山中）。十時鳴夏、文欽、軍恆別去。予因昨夜未安睡，乃一睡兩小時，至正午始起。午餐後又睡至三時始起。船中遇賈果伯，談豫、鄂兩省財政情形甚

詳，又遇一「唐三」者自行介紹為新聞記者，好說話，
聽其口音知為湘人。

9月14日　陰雨

晨起做動課。早餐後起一電稿致岳軍，又作一書寄
真兒，十二時船抵南京，震修本約來船晤，因赴滬未
來。午後閱書報，是日在船與蔣堅忍、唐三、桂永清、
趙君等談，知民族覺悟力已漸發動。

9月15日　晴

晨起做動課。早餐後整理行李，十時抵滬，無人來
接（潯拍電君怡、甯拍電岳軍，均落空），乃顧車返
家，電知厚生云赴鎮江，電知可權云不在家。午後拍兩
電，一致山中，一告介石，不過報告已返滬。又湛侯、
仲勛先後來談，并共晚餐，餐後至岳軍宅談悉本日岳見
精衛談話經過，十時歸寓。

9月16日　陰

晨起做動課。早餐後電邀李擇一來談，知有吉到後
情形，又至學會晤鎔西、克之，並囑可權寫信寄發月
刊。午後寰澄來談，又出購用件。晚間岳軍、厚生、君
怡、亞農諸人分別來晤。又可權送信稿來閱（致鄂、贛
兩省當局謝招待，寫月刊），就寢已十二時。

9月17日　陰微雨

晨起做動課。早餐後赴車站乘九時車赴杭，至站同

伍梯雲、陳策二人，由粵來掛專車赴杭轉山訪汪（汪已
上莫干山），車中遇龔仙舟，已七、八年不見矣。午後
五時抵山。

9月18日　晴

晨起做動課。早餐後閱讀各處來信（予赴漢時寄到
山者）。傍午性白來共午餐，并報告校務，又送來新購
各地契紙（予找補五百元）。

9月19日　晴

晨起做動課。早餐後陳理卿來談，送來張君特別捐
收條一紙，又作書寄暢卿（航空快郵）、杭琴、達齋、
文欽、厚生、靜芝六人。午後與炎之商明日召集公益會
董事會議事。晚得岳軍電一通。

9月20日　晴

晨起做動課。早餐後湘岑、炎之、烈卿、理卿等來
開公益會董事會，議決五案，至傍午十一時半始散。午
後作書寄岳軍、暢卿，均用快郵寄書。傍晚寰澄夫婦由
杭來談，共晚餐後別去。

9月21日　雨霧

晨起做動課。早餐後作書寄黃約三、蕭仙閣、楊暢
卿三人，又管理員俞作民偕技術員孫某攜本山地圖來
談，劃定管理區域意見。又鄭連長來求援。又寰澄夫婦
來商修理鄰屋事（511號屋，寰新購入者），留共午餐

後下山返滬。又作書寄張寓鋒、金止觀、易寅村、張岳軍（內附復石曾函）四人。

9 月 22 日　霧

晨起做動課。早餐後作書寄青甫（津屋事）、暢卿（寄去《大晚報》一段）、厚生（寄去〈九一八週年〉修改稿一件）三人。午後周佩箴來報告宋子文到山與汪晤談情形，乃發一電致岳弟，并寄一航空函與暢卿。

9 月 23 日　晴

晨起做動課。早餐後至中國銀行算賬，又順道往弔雨樵，答訪俞則民、周佩箴均未遇，至鐵路飯店午餐。午後訪周湘舲，在周宅遇褚民誼、俞則民、周師伋（佩箴之弟，管理局員）、周健初諸人，二時半歸寓。外部情報司長施紹曾（公唯，湖州人）來談，彼新由北歸，在北平擔任招待國聯調查團事，據說日人用英、法文編成兩書，一曰《中國之現狀》歷舉事實說明中國之無組織，一曰《中國之共產化》將中國共產黨之系統有條有理詳載無遺等語，現已著手翻譯，藉以警告國人，談至五時別去。傍晚潘仰堯、劉敘五（駐山中國銀行行員）來訪談，一小時告別。

9 月 24 日　晴

晨起做動課。後黃秋岳君由甯來訪，留共早餐，談汪離甯內容，係受汪夫人陳璧君之慫恿，陳與宋善，顧（孟餘）、唐（有壬，汪之親信者）與宋惡，故成此僵

局云。秋岳去後，予作書寄愛理、厚生二人。午後作
書致施公唯，託代學生袁剛毅抄寄中國駐外〈領事任命
狀〉式樣，因袁君編譯公法學，需要此材料也。

9月25日　晴

晨起做動課。早餐後率妻女下山遊莫干塢，視察莫
干小學新築，并巡視新購各地段，午後三時返山抵寓。

9月26日　雨

晨起做動課。早餐後作書寄性白、岳軍、君怡、亞
農、童超英（峙青，紹興）五人。午後作書復武康縣教
育局，因彼等籌備於雙十節開全境運動大會，來書囑寄
贈獎品，故特送去舊著四冊、鉛筆四打、大字筆兩支、
魏碑十張（交張幼山帶去）。

9月27日　陰

晨起做動課。早餐後作書寄性白，附去張登喜豫支
校舍建築費第三期，洋一千元之收據一紙，囑其一併歸
檔。午後往東鄰511號，代賚澄賞管房人洋壹佰元，因
彼新購屋時，曾相當有勞也。

9月28日　晴

晨起做動課。早餐後朱鐸民由滬來晤，彼因病來山
休養，敘談半日，午餐後始別去。午後至後山散步。

9 月 29 日　晴

　　晨起做動課。早餐偕妻兒乘輿遊福水，經過郎家村、駄子塢等處，均能望見予之四望亭。午後歸山，順道訪計仰先於療養院，彼因肺病氣喘，於前晚到山來休養，擬住三個月。歸寓，性白來報告校務，付洋一七九四元。又鋒民來共晚餐，談何克之事。

9 月 30 日　晴

　　晨起做動課。早餐後作書寄凌霄、暢卿、揖唐、五雲、蓮士五人，午後整理行李。

10月1日　晴

晨起做動課。早餐後下山赴杭，寓西冷飯店，正午偕妻兒至泰和園午餐。午後訪仲勛，又承仲勛陪往糧道山看王省三之花園，聞已賣去。晚間仲勛邀至奎元館晚餐（歸寓後，何雲來談）。

10月2日　晴

晨起做動課。早餐後何公安局長雲來報告，周枕琴、呂遽村兩廳長將於八時半來訪，至時兩廳長先後到談莫干山管理局改良事甚洽，又保安處科長（徐用，號子勉）來談學校旁營房移駐事，亦談妥辦法，兩事均有圓滿解決之望，總算不虛此一行。正午至湛侯宅參觀新居，頗宏麗開暢，湛侯赴牯嶺，由其夫人招待，邀予夫婦及真兒等至樓外樓午餐。午後仍回湛侯宅閑敍，晚餐後始歸。

10月3日　晴

晨起做動課。早餐後啟身返滬，車中至嘉興站遇吳稚暉、鈕鐵生二君上車，知彼等遊各鄉村畢返滬，並述悉鈕為吳興四大族之一（沈、丘、鈕、錢），且謂元宋時在吳江屬下有黃、鈕同宗故事。午後二時半到家，君怡來談。傍晚岳弟夫婦來談并共晚餐。

10月4日　晴

晨起做動課。早餐後厚生、亞農、志萬先後來晤，厚談學會事，亞談日方消息（旁及韓、劉之戰），志談

赴鄂事。又理髮師來理髮。午後至蓬萊商場參觀粵人羅國瑞發明之沼氣利用點燈火法。歸寓後李擇一偕坂西、康侯來會談兩小時，修直來因坂西未走，僅匆匆一握手而去。晚間公權來談一小時。

10 月 5 日　晴

【電介石、電魏懷、電魏稿夾存】

晨起做動課。早餐後電介石，告返滬後情形。又電洛陽文官處辭故宮博物院理事長。又何克之來談。傍午協和、厚生先後來晤。午後李擇一偕李贊侯、梁眾異二人來談段芝泉赴東事，予勸其待時而去。又吳承齋偕李石勤來晤，承齋由錢新之處來，據云新之甚重視江、浙兩省之發展，切盼得機勿消極云云。晚間率妻兒出訪岳軍未遇，遂改訪伯樵夫婦，談一小時而歸，在伯樵處遇章乃器。

10 月 6 日　晴

晨起做動課。早餐後君怡來談《生活》週刊事。正午在宅請任之、問漁、伯樵三人午餐。午後岳軍來談，晚間至學會視察。

10 月 7 日　晴

晨起做動課。早餐後沈昌來談鐵道部購料事，又修直來談三旗運動（龍旗、五色旗、青天白日旗）。又介凡、厚生、張新吾三人偕來談龍烟鐵礦事，又趙踵武來談雲南班洪礦事。又性白、肖才來接洽莫干小學事。

午後出訪公權，在彼處晤唐有壬談精衛事。又順道訪岳
軍。晚間至李拔可宅（海格路七二五號），赴李擇一之
讌，同座有日本公使有吉明、坂西利八郎中將、海軍大
佐北岡春雄及岩松、須磨（彌吉郎，公使館一等書記
官）、唐有壬、張岳軍諸人。

10月8日　晴

晨起做動課。早餐後劉石蓀來電話，謂鈴木貞一將
於十五日抵滬等語。十時半予出訪岳軍，談外交內政各
情，在彼處遇厚生談學會事，厚生有誤會，乃至大哭，
予安慰之而去。午後徐新六由牯嶺歸來談。又作快函
（航空）寄暢卿、青甫。傍晚往看《國門之戰》電影，
係應岳軍之邀。

10月9日　晴

晨起做動課。早餐後達齋來談金融情形，又汪翊唐
來談視察東北後感想，極有見地，而荒木等對選舉以在
鄉軍人及青年團為基礎，對財政以軍人粗衣薄俸為標
準，各主張尤覺可畏可法。又厚生偕孫幾伊君來談〈對
調查團報告書意見〉，豫備在第三期《復興》月刊披露
者。又林季良來談郵政儲金問題，午後岳弟送戲票來，
率妻女同往看《海濶天空》一劇，飛機、潛艇物質殺
人，視之不寒而慄。

10月10日　晴

晨起做動課。早餐後葉揆初偕陳禮卿來談公益會購

地事，又劉石蓀來接洽外賓招待事。午後作書寄王吉民、譚炳訓、袁文欽三人。傍晚君怡、伯樵來談，又電邀許長卿來接洽學會中應辦三事：（一）人事（會員錄）；（二）章則；（三）會計。晚間李擇一氏來談岡田本日到滬，為鈴木來滬之先聲云。

10 月 11 日　晴

晨起做動課。早餐後赴蓬萊市場參觀國貨展覽會，又與「國瑞天然瓦斯公司」接洽赴莫干山裝置燈火事。午後赴岳軍宅閱汪、蔣間最近往來電文，知汪將赴歐，孫又活動，黨內先鬧個不休，還有什麼國家？真堪浩嘆。

10 月 12 日　晴

晨起做動課。早餐後赴學會開團會，正午始散。回首一年來，不知幹些什麼，世途可畏可嘆。午後蔣抑卮來談山上事，又赴學會開常務理事會，晚八時始返寓。

10 月 13 日　晴

【廖茂如】

晨起做動課。早餐後傑才來晤，談及廖茂如，人極忠實，留美學教育，囑約期來會。又溫應星來晤。又李擇一偕坂西、岡田來談。又洪芰舲來談編譯《國民讀本》事。午後羅國瑞來談赴山建築天然瓦斯庫事。又黃潮初來雜談。五時厚生來出示錢新之託任之退還捐冊函。又至修直宅開政制組同人茶會，晚七時半始歸。

10月14日　晴

【岳送來茶葉五包】

晨起做動課。早餐後擇一來談，又船津來談。正午偕妻兒赴新半齋午餐，並邀岳軍、伯樵、炎之夫婦同食。午後與岳軍談內外時局。傍晚沈壽宇、孫百剛先後來談，晚間作書寄介石（為徵求青甫同意出長浙財事）。

10月15日　晴

晨起做動課。早餐後作書寄曉圓（附去武昌地契三張）、止觀二人。傍午劉石蓀偕鈴木貞一來訪。午後至學會與厚生、可權、壽宇、幾伊、大勇、廷英諸人談。傍晚炎之、伯樵等來訪。晚餐後李擇一來談鈴木事，頗有不能負重之嫌，予力勸之而去，是日付彼津貼萬元（介囑墊付者）。

10月16日　晴

晨起做動課。早餐後九時鈴木貞一單獨來訪，詳談世界情勢，東亞將來歸結於中日糾紛如何解決，直談至午後一時半始共午餐而別。彼此來負使命不小，其著眼點似側重於予與介石，然各有立場，事已至此，決非普通方案所能解決也。午後李擇一、何亞農、劉石蓀等先後來訪，李、劉意見分歧而雞蟲小技，不足以聞大道，真是可憐。

10 月 17 日　晴

晨起做動課。早餐後厚生來抄去年十二月四日，予致介石之信稿，蓋欲有所建議也。又張孝若來訪，讀外交部羅鈞任部長寄來《調查團報告書》全文兩冊（英漢各一），傍晚君怡、伯樵來談。晚餐後荽齡來商《國民讀本》編輯方針。

10 月 18 日　陰

【予對東省事件解決意見】

晨起做動課。早餐後李擇一偕日人鈴木貞一、岡田有明來談滿洲問題，予主張二點：（一）中日間各派委員開會，國聯得派人列席。（二）在上述委員會中商議「東北問題善後辦法」：（a）中國發表東三省地方，定為在中國主權下之永久中立自治區域；（b）日本發表滿洲國之存在與否，全視東三省住民之意志，日本毫無成見。如中國勸告滿洲執政府取消獨立時，日本不加干涉；（c）中日間為保障在此永久中立自治區內之安全與繁榮起見，結兩種新約。關於經濟方面結互惠條約，關於政治方面結防禦同盟條約；（d）平時在此自治區內之治安，特編練保安隊以維持，中國不駐正式軍隊，日本亦即撤兵。鈴木未能即決，允考慮後再談。傍午亞農來談，與王文白遇，知汪、胡、孫有倒蔣運動，南聯李、白、劉（文輝），北結馮、閻、韓，并謂關於北部事與日方有相當接洽等語。嗚呼！可恥可憐至斯已極。吾人正在與日掙扎時，而彼等乃有此行逕，使人不能盡量掙扎，可惡，可惡。午後至岳軍宅接洽

內外各情況，談兩小時半。傍晚至李擇一宅晚餐，同
座有鈴木、岩松、岡田等，鈴木大談其東洋政治哲學
觀，十一時始回寓。

10月19日　雨

晨起做動課。早餐後作書寄介石報告與鈴木晤談情
形（附去李擇一之收條）。又作書復蔡達生，不過為人
事請託事而敷衍之。午後劉子楷（外次）、謝衡牕（煤
商）先後來談。傍晚岳軍送螃蟹來，乃電邀炎之、伯
樵、君怡等來共食之。

10月20日　陰

晨起做動課。早餐後，青甫兄嫂由濟南來談韓、劉
衝突內容及平津情形。午後三時半鈴木來談彼之方案
（東省設立外交調整委員會，由中日共同派員組織，對
本部則放棄一切特權），予未能允，仍堅持予案，結果
允雙方再加考慮，散已傍晚。

10月21日　晴

晨起做動課。早餐後立孫由窗來談鐵道購料情形，
似尚能勤慎從公，予益加勉勵之。十時頃，鈴木偕根本
博來，當面介紹，蓋根本為彼之同黨也，談一小時別
去。予作書寄介石、伯誠、性白、鋒民、石蓀五人。午
後文欽由贛來，帶到天翼主席、仿魯總指揮及彭醇士參
事函各一件。又傑才來，出示《復興》月刊第三期稿
件，題為〈九國公約之今昔〉，似尚須修改後方可付

印。傍晚作書寄理源、寓鋒、羅國瑞三人。

10 月 22 日　晴

　　晨起做動課。早餐後季賓、叔衡先後來晤。正午至
杏花樓應吳鐵城之召午餐。

10 月 23 日　陰

【楊繼曾與楊霽邨】

　　晨起早餐後，即赴北站乘七時開車赴安亭（安亭為
康熙時歸有光故宅，現尚留有震川書院舊址）轉遊徐公
橋，由該處鄉村改進會招待參觀養雞、養蜂、觀瀾小
學、公共倉庫、公共礱穀場等處，同遊有公權、侯城、
肖梅、克之、厚生、任之、問漁、伯申、鎔西及予妻亦
雲諸人，返滬已午後五時半。歸時在大車中遇楊志春
（霽邨，奉化，留日學生），係介石舊人，談時事多
難，相與嘆息不止。晚間在宅讌楊繼曾，君怡來陪席，
談至十時始散。

10 月 24 日　晴

　　晨起做動課。早餐後李耀星來談赴山建瓦斯庫事，
又作書寄性白、亮才、子青三人。午後訪慰英士嫂於聖
母院路慶順里九號寓所，並詢問幹夫姪學歷。傍晚至鎔
西宅開政制組會，是日張相時君作東，即借鎔西宅晚
餐，餐後歸寓，岳軍來談將應召赴漢。

10月25日　晴

晨起做動課。早餐後孫百剛來出示彼所譯〈國家社
會主義之原理〉一文，又審閱孫幾伊君所草〈對李頓調
查團報告書之研究〉一文，此文將發表於第三期《復
興》月刊中。傍午作書寄寰澄，約星期日來舍午餐。午
後至學會與厚生談敘（晚間作書寄葉錫洛）。

10月26日　晴

【譚炳訓來晤】

晨起做動課。早餐後君怡來談敘，午後譚炳訓由魯
來，譚濟南人，北洋大學土木科畢業，極有思想。傍晚
湛侯由杭來談航空界內容，并共晚餐。

10月27日　陰

晨起做動課。早餐後伯樵、君怡、湛侯先後到，均
特約來與譚炳訓會晤，由君怡、伯樵帶往參觀工務、公
用兩局。正午赴克之宅午餐。午後至學會參加技術組組
會，新會員譚炳訓列席，晚間湛侯來談。

10月28日　陰

晨起做動課。早餐後作書復彭醇士、孫仿魯、沈志
萬三人，十一時譚炳訓來晤，留共午餐，又至杏花樓赴
吳鐵城、張岳軍之召，陪讌山西主席徐次宸（徐為舊國
民三軍孫禹行之舊部）。午後周振寐來晤，又褚掄記營
造廠派人來畫圖。傍晚炎丈、和姨、湛侯、筱棣等來雜
談，并共晚餐。

10 月 29 日　陰

晨起做動課。早餐後徐次宸氏來訪，與之談政制、經濟問題，歷兩小時之久，彼極領會，要求明日再給與時間來加談一次。正午在宅讌譚炳訓，伯樵、長卿、厚生作陪。午後嚴仲楨由熱河來報告該地情形甚詳，予為之作介紹書與暢卿。晚餐後湛侯來談。

10 月 30 日　晴

晨起做動課。早餐後達齋、煥伯（率其子湖生）、百剛、芰舲、季良、岳軍先後來晤。正午寰澄夫婦來共午餐。午後三時徐次宸又來談話，直談至六時始別。

10 月 31 日　晴

【二十年結婚紀念日】

晨起做動課。早餐後王石蓀、袁文欽先後來雜談。正午至新半齋午餐，同座有炎之及伯樵夫婦、仲勛、鹿君諸人。午後在炎丈宅閒談，并共晚餐。

11月1日　晴

晨起做動課。早餐後陳儆庸、林子桐先後來訪，又厚生偕禦秋來談，傍午始別。午後理髮師來理髮。又遠帆由甯來晤。

11月2日　晴

晨起做動課。早餐後作書復天翼、愛理。又馮若飛偕其夫人來晤。正午至寰澄宅午餐。午後至學會與可權、壽宇等商談會務。晚間厚生來談重建家庭事，予力勸之，然恐未必能接受也，可惜可慮。

11月3日　晴

晨起做動課。早餐後作書復性白、青甫（匯去洋一千五百元，一千元建築兵舍，五百元購地）。又百剛來談擬編輯予歷年來之演說集，傍午劉外次子楷由甯來訪。午後至學會開各組主任聯席會議。

11月4日　晴

晨起做動課。早餐後亞農、震修先後來談，午後擇一由東歸來報告聞見。

11月5日　陰

晨起做動課。早餐後恩潤來談《生活》週刊事，又寓鋒由津來晤，又蘭兒率長甥阿敏來晤。午後湛侯由杭來談（又震修來電商押款改良辦法事）。

11月6日　晴

晨起做動課。早餐後至中社為金井羊博士開追悼會，予被推舉為主祭，正午即在中社赴寰澄之約午餐，同座有陳伯莊、彭一湖、諸青來諸人，討論經濟政策。午後至聯珠里傅壯民宅弔奠，歸至炎丈宅與湛侯談話。

11月7日　晴

晨起做動課。早餐後性白由莫干山來報告校務及工程情形。正午至新半齋讌請湛侯夫婦。午後讀《復興》第三期主要各編，傍晚炎之來談，又至鎔西宅晚餐，為政制組例會開會。

11月8日　晴

【韓致千來訪】

晨起做動課。早餐後第二十五路總指揮梁冠英派其駐京辦事處長韓駿傑（致千，吉林）持函來謁，又作書復金止觀。午震修來談，託其代付入新透支款五數。午後至學會看畫，晚間伯樵來談，託伊代印《長江防禦計畫圖》（密）卅頁。

11月9日　晴

【致岳軍函，寄漢口】

晨起做動課。早餐後百剛、稼農先後來晤。又作書復殷公武、蔣抑卮、傅墨正、張岳軍四人，復岳軍函稿如次。

岳弟如晤，手函奉悉，聞在京諸公顧慮多端，不能

積極的為國家求決策，深為嘆惜。兄非固執己見，實因審度環境，非立下決心打開僵局，不足以挽救危亡，茲述二事如次，藉供參證：（一）歐洲方面，前日有外部同人由京來晤，述及在歐各使連電報告，謂歐洲輿論側重兩事：（1）川魯之戰必須速停，（2）制度問題（受報告書影響）必須改良。惟外交界人素來謹慎，故私函中或肯據實陳述，而公電中每喜弄外交詞令，對於前者曰攻府必須速止內戰，對於後者曰政府必須廣攬人才（此可測歐洲之情勢也）。（二）日本方面，日昨李君由東歸來，述及松井將於十二月底來滬，將來具體正式來交換意見，或即此人。李君勸其何不即行，彼謂外則國聯要開會，內則三中亦要開會，故今非其時，俟年底、年初內外情形大概明瞭後，再定行止，較為妥當。換言之，即國聯能有溫和空氣，三中能放改良曙光，則余必斷然一行也云云（此可測日本之情勢也）。

兄年逾五旬，年來已抱終老山林之願，且念佛五年，名利關頭自信早經打破，苟國家危急不至此甚，雅不願強人為難，一再對弟等曉曉不休如此。總之今日之事，對外不決策則或威脅、或分化，對內決無從設施。即欲力圖自振，亦不可能。對內不改良則對外即無法決策（此語非指對內恐有糾紛而言，乃指日本不我應，歐美不我諒而言也），明知此種議論於我個人有百害而無一利，然一念及我民族前途之興衰盛亡，將決於此後數星期之間，故雖冒萬死亦不能不質直言之、盡情言之，惟弟等其諒之。匆復順頌旅祺。兄莘頓。

午後黃潮初來談，晚間電約沈壽宇來商復興第四期

中日問題對外意見稿，十時始別。

11 月 10 日　雨

晨起做動課。早餐後作書復五靈、性白、三哥。又出答訪李協和君、李擇一君，均未遇，順道訪李贊庡、梁眾異二氏而歸。午後炎之、仲勛、鹿君、君怡諸人先後來談。

11 月 11 日　雨

晨起做動課。早餐後作書復梁子超，又厚生來談江蘇內政，并共午餐。午後至學會開政制、外交兩組聯會，因人數不多，改談話會，傍晚始散。

11 月 12 日　陰

晨起做動課。早餐後黃在中來訪，彼將赴皖担任第五區（滁州）保安副司令，囑作書介紹於皖保安處長張亞偉學兄，予允之。午後至學會訪厚生未遇，歸寓後殷亦農來談市府內容及對日觀察各項意見，又沈立孫來談鐵道部購料改良辦法。

11 月 13 日　晴

晨起做動課。早餐後李功范、陳振鷺（閩人，留法學經濟）、林季良、孫幾伊、趙厚生等先後來訪。午後作書寄亞農，附去彼前託辦之留學證書（由乙藜辦妥，寄來轉去），并復乙藜，又電邀傑才來討論第四期文稿。

11月14日　晴

晨起做動課。早餐後俞大維來雜談，須磨（日使館一等參贊）來談東北問題，對取消滿洲國一點爭執了兩點鐘，雖係個人私談，然彼此均以國民的地位各不相讓，傍午別去。午後辰姪來晤，又劉厚生君由津歸來談。傍晚擇一來請求與福島喜三次一晤，予允明晨約見。

11月15日　陰

晨起做動課。早餐後李功范、程韋度、李擇一、福島等先後來見。正午至伯樵宅赴讌。午後陳公俠君由杭來談。傍晚蘭兒來。

11月16日　晴

晨起做動課。早餐後理髮師來理髮，未幾，青甫兄來，乃共出至華安八樓午餐，聊資消遣。午後復同至炎丈宅打牌十二圈，值至晚餐後十時始歸。

11月17日　晴

晨起做動課。早餐後作書寄岳軍，託其轉達三事：（一）福州方面之注意（恐日人挑釁）；（二）青甫長浙財之商榷；（三）劉厚生往晤事件。正午在宅讌朱鳳千，因彼將有南洋之行，同座有顧季高、羅少齋、金侶琴、張素民、汪叔賢及侯城、□□諸人，午後出訪□□□未遇、又訪岳弟婦。

11 月 18 日　晴

晨起做動課。早餐後許修直來談，又岳弟婦來訪。傍午厚生來談，欲為學會購買《九通》一部，予允之。午後俞寰澄君來談。又至學會開財政、經濟兩組聯會，決定本會複軌式之經濟政策，即重工業主張國家資本主義、輕工業主張私人資本主義是也。

11 月 19 日　晴

晨起做動課。早餐後周靜齋（雍能）來談。又周作民來訪。正午赴君怡宅午餐，午後審閱《復興》第四期文稿，又答訪陳伯莊未遇（晚間乙黎由甯來談）。

11 月 20 日　晴

晨起做動課。早餐後程遠帆夫人來約予及景英、真兒同遊跑馬廳，觀菊花賽會，又至兆丰公園散步。正午即在公園前「惠爾康」午餐，并電邀巍舅同食，商改良莫干山蠶種事。午後至炎丈宅雜談。傍晚赴中社，應寰澄、伯莊之召，商議井羊子女教育基金事，同座有新六、溯初、厚生、侯城及吳經熊諸人。

11 月 21 日　晴

晨起做動課。早餐後厚生來接洽會務，又草《復興》第四期對外文稿一篇，題曰〈東北問題我見──敬告國際聯盟──敬告日本國民──并告四萬萬同胞〉。傍晚至學會開政制組例會。晚間翊唐、伯樵來訪。

11月22日　晴

　　晨起做動課。早餐後因昨稿未撰完，繼續為之，直至午後四時脫稿。四時半岳弟由漢口歸來，述及最近政局之銷沈無望。晚間至學會開幹部會議，十時始散（是日李有功由莫干山來，付伊工程費五百元）。

11月23日　晴

　　晨起做動課。早餐後危苞濱、陶益生、王石蓀三人先後來訪，午後張水淇君來，約日人今關壽麿（舊知，研究東洋史學者）代齋藤實（現內閣總理）來滬，欲來訪，予允於明晨見之。

11月24日　晴

　　晨起做動課。早餐後今關壽麿來訪，送我彼所新著之《近代支那之學藝》一冊，大意不外述明齋藤處境之困，操之過切可以立倒等語。午後馮若飛來介紹錢方軾（雟逵），又嚴惠宇君來談。晚間在宅讌請翊唐夫婦，因彼等將往遼東任中行行長職務也，同座有湛侯、伯樵、君怡各對夫婦。

11月25日　雨

　　晨起做動課。早餐後，辰姪來談，又電邀可權來接洽會務。午後修直來談趙君豪等欲辦通訊社事。傍晚至學會開交通、技術兩組聯會，遇施家幹、嚴恩棫、李雲良諸人。

11 月 26 日　陰

　　晨起做動課。早餐後偕景英出購烟及書。午後閱書。傍晚至華安八樓應晉侯夫婦之招共晚餐，同坐有鎔西及李培天（子厚，滇省政府駐京代表）等各對夫婦。

11 月 27 日　陰

　　晨起做動課。早餐後趙深、季實、劉厚生、徐子青諸人。傍午出弔井羊、鴻基二人之喪。正午赴小有天菜館應炎之之召。午後鹿君等來談敘，又靜江、岳軍先後來晤。

11 月 28 日　晴

　　晨起做動課。早餐後作書寄暢卿、曉圓（附去文稿）、湛侯、普文四人。正午至厚生宅望病，遇文潔及黃中漢（建屏，桂人，舊張之江參謀長）。午後殷亦農來談。傍晚答訪岳軍。

11 月 29 日　晴

　　晨起做動課。早餐後理髮師來理髮，又寄性白、壯華（彼寄來海軍復興方案一冊，不公開，故覆之）各一函，傍午何克之來談。午後李擇一來晤，又草〈莫干山管理局改良辦法〉意見書一份，傍晚脫稿。

11 月 30 日　晴

【錢方軾】

　　晨起做動課。早餐後炎之、抑卮、揆初、理卿、烈

卿等來開莫干山公益會理事會，決定：（1）公益會會
所建築，（2）對省政府供獻意見，又亞農、傑才先後
來訪（傑才攜英譯稿來，〈東北問題我見〉一文）。午
後馮若飛介紹錢方軾（雋達，常州人，企林之表弟，留
英學生，娶有英婦，熟悉鹽務，長厚而才短）來晤談。

12月1日　晴

晨起做動課。早餐後至中國銀行訪公權，商談予文英文稿如何發表手續。正午至老正興館應仲勛姻丈之召，同座有炎之、鹿君諸人。午後在炎丈宅談敍。晚間同至戈登路121號徐靜仁宅應嚴敦和（惠宇）之召共晚餐，同座有張岳軍、劉厚生、陳半丁（浙人，住北平，畫家）諸人。

12月2日　晴

晨起做動課。早餐後馮若飛來，欲介紹吳昆吾入學會。又孟和作書介紹蔡謙（同民，吳興人，燕大畢業，北平社會調查所研究員）來訪，欲借用學會房屋，雇人抄錄海關對外貿易文件。又作書復蔣堅忍。午後至學會開教育、社會兩組聯會，新會員中到有廖茂如、陳青士（叔通之子）諸人，商定省查小學教科書及編輯國民讀本事。晚間又在學會開井羊博士紀念會，商議籌措井羊子女教育基金事，歸寓已十時半。岳弟夫婦在寓候，略談一小時別去。

12月3日　陰

晨起做動課，早餐後李協和、吳昆吾先後來晤。午後穆藕初君來談，又至學會開常務理事會，傍晚俞寰澄來談。

12月4日　陰

晨起做動課。早餐後朱達齋、王宗模（範成，陝

人，井崧生代表）、張鎔西等先後來訪。午後出訪岳軍、君怡均未遇，復至炎丈宅談敘。

12月5日　雨

晨起做動課。早餐後李擇一來談予文〈東北問題我見〉之日文譯稿。又至岳軍宅商鎔西見介，劉垣見介，石蓀推荐立法委員等，并同至正興館午餐。午後復在宅談敘。

12月6日　晴

晨起做動課。早餐後辰姪由松江送雞蛋來。是日滬報轉載予文者不少，如漢文報之《時事新報》」、《新聞報》，英文之《大陸報》等均是。又復陳青士、歐元懷一函為本星期六赴大夏大學講演事。午後馬菊泉（舊新加坡商人，無錫人，民三予亡命新加坡時所識，已十餘年不見）來訪。傍晚岳軍電邀赴伊宅會晤，潘公展、陳布雷等共商物色上海各大學內有志之士，因介石有電致岳軍託予等共同選擇，將於冬假中接見也。

12月7日　晴

晨起做動課。早餐後修改〈三中全會提案〉（予囑鎔西草成者，擬漸開民治之路，用否不敢必，姑豫備之而已，稿另存）。十一時攜赴岳軍宅交伊帶南京，正午赴克之宅午讌，同座有于右任、葉玉虎、李曉東、劉蘭江諸人。午後趙叔雍偕梅蘭芳來訪。晚間君怡夫婦來共晚餐。

12 月 8 日　晴

晨起做動課。早餐後作書寄青甫、性白，又為大夏大學起講演稿。正午岳軍來商整理長江水師事，又談起子文之用心深遠一層。午後李擇一、鄭貞文（新任閩省教育廳長）先後來訪。

12 月 9 日　晴

晨起做動課。早餐後許長卿來接洽學會經費事，又繼續起大夏演講稿。午後至學會開政制、外交兩組聯會。

12 月 10 日　晴

晨起做動課。早餐後將大夏講稿完成。午後三時半赴大夏大學講演，五時半歸。晚間伯樵來商滬甯杭鐵路管理局事。

12 月 11 日　雨

晨起做動課。早餐後屈蘭九來談財政，張水淇來談外交，又抑卮、揆初、烈卿、炎之等來談公益會建屋事。午後江翊雲由北平來訪，硬要我擔任北平朝陽學院董事長，面送聘書，復要求函介岳軍，不得已均允之。又作書寄乙藜、厚生、岳軍三人。

12 月 12 日　晴

晨起做動課。早餐後劉子階、王石蓀二人先後來談。午後理髮師來理髮。傍晚許長卿來，交與熊天翼君

匯來之捐款五千元歸賬。晚間岳軍專差派人送介石電來，謂華北形勢危急。

12月13日　晴

晨起做動課。早餐後震修由甯來談，傍午李擇一偕日人宮地（貫道，現任公使有吉之妻舅）、岩松來談。午後張煥伯來報告楊逸才所長昨夜所內失火，全部燒燬，來託對當局關說。又程韋度來求紹介書一封與暢卿，予即與之。又作書寄程遠帆，請其就近一見天翼。

12月14日　晴

晨起做動課，伯樵來商赴甯事，季良來報告交部事，擇一來談赴東事。午後劍塵來晤，又青甫兄由杭來談。傍晚至新新公司購買用品。晚間湛侯、伯樵來晤，彼等均於本晚赴甯，予託伯樵帶一函與岳軍。

12月15日　晴

晨起做動課。早餐後，作書寄乙藜及張仲仁。午後張登喜由山來，報告工程狀況，並付工程費1500元正。

12月16日　晴

晨起做動課。又出外散步一刻鐘。早餐後厚生來電話，知彼已開完內政會議，由甯歸來矣。十時李擇一偕日人坂西利八郎來訪，坂西由華北來，述北部情形甚詳，段自大、吳發瘋，遺老謀復辟，不一而足。午後至

學會開經濟、財政兩組聯會，予妻赴中華職業教育社開
教育組審查小學教科會議。晚間厚生來談在審聞見，并
告我任之、乙藜等談話。

12 月 17 日　晴

晨起做動課。早餐後程蓮士、蔣抑卮先後來訪。正
午赴海格路日本公使有吉明之讌，午後毛以亨、徐建
侯、殷鑄夫（來談韓人孫昌植事）等先後來訪。晚間吳
承齋由蘇來晤。

12 月 18 日　晴

晨起做動課。早餐後沈立孫、趙厚生各來晤，
十一時偕君怡、伯樵等赴江灣唐園晤奧人羅逸民（研
究政治經濟學，并長於漢文漢語）。正午至東亞酒樓
應唐寶書君之讌，三時半歸。炎之、鹿君、修直來談
敘，并共晚餐。

12 月 19 日　晴

晨起做動課。早餐後熊天翼君由審來訪，歷述在
內政會議席上之主張與夫一年來治贛之方針，并送我
工作報告書一冊。十一時至國立上海商學院演講。午
後至學會開理事會常會。晚間在學會晚餐，繼續開政
制組會議。

12 月 20 日　晴

晨起做動課。早餐後、抑卮、新之、炎之、揆初、

烈卿、理卿來開公益會，商議建築會所事。午後作書寄
岳軍，五時偕景英至世界學院應中德聯歡會之招，聽大
同樂會之奏古樂，并在該處晚餐，有中德兩國人士參
加，約一百八十餘名。飯後九時赴天蟾舞台看馬連良之
「空城計」、梅蘭芳之「販馬記」，歸寓就寢已半夜一
時餘矣。

12月21日　晴

晨起做動課。早餐後殷鑄夫、褚慧僧來談韓人孫昌
植事，又劉石蓀來託辦其子留學證書，午後讀書。

12月22日　晴

晨起做動課。早餐後達齋偕九如來訪，九如由北平
來，謂中央公園之海棠與榆葉梅盛放，人事異常，天時
亦異常，可畏也。又鑄夫來偕往中社與孫昌植晤談。正
午在宅讌客，同座有新之、伯文、蘊齋、寰澄、君怡、
劉鴻生、李雲良、陳蕉青、施衍林諸人，午後三時散。
四時何克之來告，昨晚李曉東看電影歸，在馬斯南路被
匪綁去等語，可驚可嘆。傍晚炎之、鹿君來，共晚餐。

12月23日　晴

晨起做動課。早餐後作書復張湖生、錢乙藜（寄去
劉石蓀託辦之件）。正午至鎔西宅午餐，開小組會議。
午後訪穆藕初君於其寓邸，傍晚歸。

12月24日　晨雨霧傍午放晴午後又雨

晨起做動課。早餐後宋明軒之秘書長戈定遠（卓超，衢州人）來訪，詳敘北部情形，午後整理舊演說稿，傍晚赴炎丈宅晚餐。晚間伯樵來報告介石將於十一時抵滬。

12月25日　雨

晨起做動課。早餐後張季鸞、朱鋒民先後來訪，又岳軍由甯歸來，告三中全會經過情形：（一）對外決：（1）防守戰、（2）助援義軍、（3）經濟抵制；（二）對內佈憲、改省制等等，並謂介要求岳將主鄂政，劉雪亞主皖政等語。午後答訪黃季寬君（內政部長，彼晨來訪，被閽者擋駕），談地方政制與經濟政策，晚間厚生來接洽會務。

12月26日　陰

晨起做動課。早餐後理髮師來理髮，又巍舅來談莫干山改良蠶種事。傍午岳軍來談，謂介石約在杭見面，正午至學會讌黃季寬、夏靈炳二人，請新六、鎔西、季高、序倫、寰澄、克之、厚生、運成作陪，午後四時歸，百剛來晤。

12月27日　陰

晨起做動課。早餐後陳紀莘來，出示所作滬甯、甯杭兩路遭慘紀錄（日兵犯滬），求予作序。又梁子超之秘書長鄭道儒（達如，天津人）來訪，又暢卿由漢口歸

滬來談種種。傍午出訪夏靈炳未遇，留片而歸。午後程遠帆來訪，又赴岳軍宅與岳、暢二人詳談內外局勢。傍晚夏主席靈炳來訪，送來伊前對學會所認之捐款一萬元，晚間伯樵、君怡來談（君怡送來國民讀本稿三篇）。

12月28日　雨

　　晨起做動課。早餐後季實（對褚掄記畫圖、租屋及投標事）、墨正（託帶三哥白木耳、哈士模、魚肝油三種）、厚生（接洽會務）、長卿（託存捐款萬元）來晤，又作書寄承齋、曉圓、可權、亦農四人。正午至華安午餐，午後整理行李豫備明日赴山。（是晚舊女僕阿寶未來，予妻甚為懸念）。

12月29日　晴

　　晨起做動課。早餐後阿寶來代照顧真兒，予妻始安心，決偕予赴山乘九時半車，伯樵來送，車中遇鹿君、佩箴。午後二時一刻抵城站，湛侯、運成二姻丈來接，運丈且陪至庚村參觀小學，并接洽明年推養新蠶種事。傍晚運丈告別回杭，予即寓小學內。

12月30日　晴

　　晨起做動課。早餐後偕予妻散步遊莫干塢內石塔地。午後鄭遠安、張幼山由山來晤，又本村駐兵朱連長瑞卿（澤民，桐城）來報告移居予所建之新營房內，將舊廟讓出。傍晚參觀學生運動。

12 月 31 日　陰

　　晨起做動課。早餐後作書寄真兒，豫備明日付郵，因從民國廿二年元旦起，小學受郵局囑託代管郵政，將以此函為第一函（掛號）寄真兒留紀念也。又與性白接洽造禮堂等事。午後開校務會議，又與性白、肖才等散步遊石嶠山南之勞嶺村。晚間在小學校渡歲，與校中及鄰人共吃年飯，不分階級共祝新年。

附錄：《黃郛日記》涉及親屬簡介

- 黃郛妻沈亦雲，本名沈性真。景英之名為投考北洋
  女師範學堂時自取。教師傅增湘為之取號亦雲。
- 黃郛祖父黃鏞，女兒嫁入餘杭章家，為章太炎祖母。
- 黃郛父親名黃文治，字友樵。黃郛母親陸氏。
- 黃郛家中兄弟姊妹共七人，四男三女，黃郛為
  么兒。
- 黃郛三哥黃叔汀。
- 黃郛有姪兒堯年、錦澤、嵩雲、嵩壽。
- 黃郛認友人計仰先子計晉仁為契子。
- 黃郛元配吳氏，離婚。
- 黃郛與吳氏所生女黃熙文，夫婿為沈璿（義舫）。
- 黃郛夫婦養育沈性仁過繼三女，取名熙治，小名
  小真。
- 沈亦雲父親名沈秉鈞，號叔和。
- 沈亦雲母親名葛敬琛。
- 沈亦雲七叔名沈秉榮（號季華）。
- 沈亦雲七外叔葛文濬（號慕川）。
- 沈亦雲四姨母葛敬琮、姨丈沈子美。
- 沈亦雲堂舅葛敬恩（湛侯）。
- 沈亦雲姨母葛敬誠、葛敬和。
- 沈亦雲有妹沈性仁（又名景芳）、沈性元。弟沈君
  怡（又名景清），即沈怡。
- 沈性仁之夫陶孟和（履恭）。

民國日記 20
黃郛日記（1931-1932）
The Diaries of Huang Fu, 1931-1932

原　著	黃　郛
主　編	任育德
總 編 輯	陳新林、呂芳上
執行編輯	林弘毅
封面設計	陳新林
排　版	溫心忻、盤惠秦

出 版 者　**開源書局出版有限公司**

香港金鐘夏慤道 18 號海富中心
1 座 26 樓 06 室
TEL：+852-35860995

民國歷史天化學社

10646 台北市大安區羅斯福路三段
37 號 7 樓之 1
TEL：+886-2-2369-6912
FAX：+886-2-2369-6990

銷 售 處　**源流成文化股份有限公司**

10646 台北市大安區羅斯福路三段
37 號 7 樓之 1
TEL：+886-2-2369-6912
FAX：+886-2-2369-6990

初版一刷	2019 年 10 月 31 日
定　價	新台幣 350 元
	港　幣 90 元
	美　元 13 元
I S B N	978-988-8637-30-0
印　刷	長達印刷有限公司

台北市西園路二段 50 巷 4 弄 21 號
TEL：+886-2-2304-0488